SISI

Mythos und Wahrheit

Katrin Unterreiner

S I S I

Mythos und Wahrheit

CHRISTIAN BRANDSTÄTTER VERLAG
WIEN–MÜNCHEN

Im April 2004 wurde in der Wiener Hofburg das Museum mit dem Titel »Sisi – Mythos und Wahrheit« eröffnet und ist seitdem ein Publikumsmagnet in Österreich.

Professor Rolf Langenfass, internationaler Bühnen- und Kostümbildner in Wien, hat dieses Museum künstlerisch konzipiert, entworfen und gestaltet, sozusagen inszeniert. Dem dramaturgischen Weg des Museums folgt in seiner Gliederung auch das vorliegende Buch von Katrin Unterreiner, die als Kuratorin des Museums eng mit Rolf Langenfass zusammenarbeitete.

INHALT

VORWORT

Es gibt kaum eine Monarchin, die posthum zu einer solchen Ikone stilisiert wurde wie Kaiserin Elisabeth. Doch »Sissi« wurde erst lange nach ihrem Tod mit einer romantisierenden Biographie und von Legenden umrankt zu einem international vermarkteten Produkt. Mit Kaiserin Elisabeth, für die man sich zu Lebzeiten vergleichsweise wenig interessierte, hat das freilich wenig zu tun.

Im 2004 neu eröffneten Sisi Museum in den Kaiserappartements der Wiener Hofburg wurde erstmals der Versuch unternommen, diesen Mythos der historischen Realität gegenüberzustellen und sich auf die Spur der Kaiserin abseits von Legenden und Klischees zu begeben.

Im vorliegenden Buch werden nun die Ergebnisse dieser jahrelangen Recherchen für das Sisi Museum in Buchform präsentiert und werfen ein neues Licht auf die exzentrische Kaiserin.

Ausgehend vom Attentat, das eine entscheidende Rolle in der Entstehung der Ikone Elisabeth spielt, werden die wichtigsten Zäsuren im Leben Elisabeths und vor allem ihre persönliche Entwicklung betrachtet: ihre Verlobung in Ischl und die angebliche Liebesheirat mit Kaiser Franz Joseph, ihre Rolle als Kaiserin von Österreich, ihre Auflehnung gegen das Hofleben und ihre zunehmende Flucht vor sich selbst, die in Schönheitskult, Schlankheitswahn, sportliche Höchstleistungen und schwärmerischer Poesie mündete. In diesem Buch wird die rastlose Kaiserin auf ihren Reisen bis zu ihrer Ermordung in

Links: Entwurf von Edmund Hellmer für das Elisabeth-Denkmal in Hellbrunn, Salzburg.

Gegenüberliegende Seite: Elisabeth von Österreich, posthumes Porträt von Gyula Benczúr, 1899.

Genf begleitet. Um Elisabeths Gedankenwelt näher zu kommen, um sie selbst »sprechen« zu lassen, sind zu den Themenbereichen Zitate Elisabeths aus ihrem literarischen Nachlass gestellt. Daneben kommen auch Personen aus ihrem engsten Umfeld – darunter ihre Hofdamen Marie Festetics und Irma Sztáray, ihre Tochter Marie Valerie sowie ihr griechischer Vorleser Constantin Christomanos – zu Wort und vermitteln so ein möglichst unmittelbares und authentisches Bild der privaten Elisabeth. Und mit Hilfe neuer Quellen, wie dem Tagebuch ihres Leiblakais Leopold Alram, der die Kaiserin über viele Jahre auf ihren Reisen begleitete, ist hier erstmals die Möglichkeit gegeben, dem Menschen Elisabeth zu begegnen. So zeigt dieses Buch auf, wie wichtig es ist, Klischees zu hinterfragen, um letztlich den Tatsachen auf die Spur zu kommen.

Oben: Elisabeth als Verlobte im Alter von sechzehn Jahren; anonymes Gemälde, 1853/54.

Gegenüberliegende Seite: Gedenkblatt an Kaiserin Elisabeth mit zum Teil unrichtigen Datierungen.

Ich möchte allen, die mich bei der Arbeit an diesem Buch unterstützt haben, danken – allen voran Michael Wohlfart und Monika Levay, für ihre wertvollen Hinweise sowie unsere Gespräche über Kaiserin Elisabeth.

Professor Rolf Langenfass danke ich für die gute Zusammenarbeit bei der Realisierung des Sisi Museums.

1878

1847

1872

1854

1889

1865

1856

1862

1859

Unsere Kaiserin
in ihren verschiedenen Lebensaltern.

Verlag von J. H. Spitzer, Wien, Czerningasse 21.
Mit Vorbehalt der Nachbildung und Vervielfältigung.

DIE ENTSTEHUNG DES MYTHOS

Oben: Wohltätigkeits-
marke Viribus Unitis;
Entwurf von Joseph
Urban, gestochen
von Ferdinand
Schirnböck, 1914.

Gegenüberliegende Seite:
Erinnerungsphotographie
der Kaiserin Elisabeth;
Version der von Carl
Pietzner posthum
retouchierten Photo-
graphie von Ludwig
Angerer aus dem Jahr
1868/69.

DER TOD

Am 10. September 1898 schockierte die Nachricht Europa: Kaiserin Elisabeth von Österreich ermordet! Elisabeths tragischer Tod war das Ende eines bewegten, unglücklichen und oft missverstandenen Lebens einer außergewöhnlichen Persönlichkeit. Heute verbindet man mit »Sisi« die Erinnerung an eine wunderschöne, ungezwungene und vielleicht extravagante Kaiserin – beinahe jeder sieht die entzückende junge Romy Schneider aus den berühmten »Sisi«-Filmen der 1950er Jahre vor sich. Mit der historischen Person der Kaiserin Elisabeth hat das freilich wenig zu tun. Wie entstand nun dieser »Mythos Sisi«? Wie kam es,

dass aus dem schwär-
merischen jungen
Mädchen eine ent-
täuschte, rastlose
Suchende wurde,
die den Tod herbei-
sehnte? Wie kam es,
dass aus einer Person,
für die sich Zeitge-
nossen nur wenig
interessierten, lange
nach ihrem Tod eine
solche Ikone wurde?
Die Ermordung der
Kaiserin, das tragi-
sche Ende eines
unglücklichen
Lebens, trug mit

Sicherheit ganz entscheidend zur Entstehung dieses Mythos
bei, den Elisabeth allerdings schon zu Lebzeiten durch ihren
unkonventionellen Lebensstil gefördert hatte.

Oben: So genannte
Totenmaske der Kaiserin
Elisabeth; Franz Matsch,
um 1900.

Gegenüberliegende Seite:
Oben: Der Sarg der
Kaiserin Elisabeth wird
aus dem Hotel Beau
Rivage in Genf getragen.

Unten: Sterbebildchen der
Kaiserin Elisabeth.

Ich aber breite trauernd aus
die weiten weissen Schwingen,
und kehr ins Feenreich nach Haus
nichts soll mich wieder bringen.

An mein Kind, 1888

DIE IKONE

Als ein strahlendes und poetisches Bild wird in der Geschichte das Andenken an die schmerzensreiche, schönheitsbegeisterte Fürstin fortleben.
Und daß sie nicht im Bette starb,
an Krankheit oder Altersschwäche,
sondern zusammenstürzte unter dem Todesstreiche
eines fanatischen Irren, gerade als sie
den Fuß auf die Schiffsbrücke setzte zu einer
neuen Fahrt in die geliebte Naturpracht
hinein – das wird – so erschütternd traurig es ist,
so hassenswert die Tat, die es verschuldet -, das wird jenes
Bild mit einem tragischen Zauber umschweben. Vom
Grau des Alltags hebst du dich ab für alle Zeiten
– eine Gestalt in leuchtendem Schwarz –,
Elisabeth von Österreich!

Bertha von Suttner

Wie wurde Elisabeth eigentlich von ihren Zeitgenossen gesehen? Historische Zeitungsmeldungen zeigen ganz deutlich, dass Elisabeth zu ihren Lebzeiten nicht die allseits beliebte, umjubelte schöne Kaiserin war, die Titelseiten füllte. Tatsache ist, dass über Elisabeth, die sich sehr früh ihrer öffentlichen Rolle als Kaiserin entzog und in den letzten Jahren selten in Wien weilte, auch nur selten berichtet wurde. Man wusste wenig vom Leben der Kaiserin, sah sie nur mehr selten bei öffentlichen Anlässen und erklärte ihre Zurückgezogenheit mit ihrem angegriffenen Gesundheitszustand. Da die Zeitungen innerhalb der Monarchie außerdem einer strengen Zensur unterlagen, wenn es um das Kaiserhaus ging, war eine offene kritische Auseinandersetzung mit der Kaiserin kaum möglich. Kaiser Franz Joseph nahm hier die weitaus wichtigere Rolle ein: Der »gute alte Kaiser« war in den Herzen der Bevölkerung verankert, ihm galt alle Sympathie. Das zeigte auch die öffentliche Reaktion nach dem Tod der Kaiserin, in der das Mitgefühl vor allem dem Kaiser galt, der nach dem Tod des Thronfolgers einen neuerlichen schweren Schicksalsschlag zu verkraften hatte.

In aristokratischen Kreisen zeigte man wesentlich deutlicher die Ablehnung gegenüber dem völligen Desinteresse der Kaiserin, ihre monarchischen Aufgaben zu erfüllen und stattdessen ihre persönlichen Interessen in

Rechts: Erinnerungsblatt
an Kaiserin Elisabeth
mit Blick auf Elisabeths
»Odysseusinsel«
bei Korfu.

Gegenüberliegende Seite:
Andenken an Kaiserin
Elisabeth; gemalt auf
Seide nach der letzten
Photographie von Ludwig
Angerer, 1868/69.

den Vordergrund zu stellen. Die Situation änderte sich
schlagartig, als man nach der tragischen Ermordung der
Kaiserin erkannte, dass sich die Geschichte der jungen,
schüchternen Prinzessin, die plötzlich Kaiserin wird und sich
als freiheitsliebende Persönlichkeit strengen Hierarchien und
höfischem Zeremoniell bei Hof nur schwer unterordnen
kann, die sich zu einer wunderschönen und selbstbewussten

Frau entwickelt, aus diesem goldenen Käfig ausbricht und ihr eigenes unabhängiges Leben zu leben beginnt, dennoch unglücklich ist und tragisch ums Leben kommt, gut vermarkten lässt. So wurde Elisabeth posthum zur verehrten, selbstlosen und guten Kaiserin stilisiert. Eine kritische Auseinandersetzung mit ihrer ambivalenten Persönlichkeit, ihrer Egozentrik und Egomanie, wurde völlig ausgeklammert und damit ein verfälschtes Bild weitergegeben.

Nach mehrwöchentlicher Abwesenheit von Wien ist gestern Früh die Kaiserin-Königin in Begleitung des Oberhofmeisters Grafen Bellegarde, der Hofdame Gräfin Sztáray und eines weiteren kleinen Gefolges aus Bad Schwalbach in der Station Penzing eingetroffen. Ungefähr 15 Minuten vor der Ankunft des Zuges fuhr der Monarch in Begleitung eines Flügeladjutanten beim Stationsgebäude vor und begab sich sogleich auf den Perron. Als der Zug hielt, trat der Kaiser-König an den Hofsalonwagen heran, auf dessen Plattformbau auch die Kaiserin sichtbar wurde. Die Monarchin hat sich in Kissingen und Schwalbach sichtlich erholt; sie trug eine einfache schwarze Reisetoilette und ein rundes schwarzes Hütchen mit zurückgeschlagenem Schleier. Der König unterstützte die hohe Frau beim Aussteigen, begrüßte sie in herzlicher Weise und fuhr hierauf, nachdem er auch die Begleitung begrüßt hatte, in offener Equipage an der Seite der Kaiserin-Königin nach dem Lainzer Schlosse, woselbst die hohe Frau einen mehrwöchentlichen Aufenthalt zu nehmen gedenkt.

Agramer Zeitung, 10. Juli 1879

Anlässlich des Venedigaufenthaltes der Kaiserin im Winter 1861/62 berichtet der »Wiener Bote« aus Venedig:
Vom herrlichen Wetter begünstigt, hat am 26. v. M. (November) Morgens Ihre Majestät die Kaiserin die Königin der Adria begrüßt. Der Empfang war nicht stürmisch, aber desto herzlicher, wie es die Sympathie

für die hohe Frau, der überall die Herzen zuflogen, voraussehen ließ und wozu auch der gemüthliche Aufruf der hiesigen Municipalität an die Bevölkerung beigetragen haben mochte.

Anlässlich des Aufenthaltes der Kaiserin in Sassetôt berichtet die »Morgenpost«:
Die entschiedene Besserung in dem Befinden Ihrer Majestät der Kaiserin hält ohne Störung an. Der Kräftezustand hat etwas zugenommen. Der Eisenbahndirektor, Ritter von Klauda, ist auf telegraphischen Ruf in Wien eingetroffen; er wird den Hofzug führen, mittelst dessen die Kaiserin die Normandie verlassen wird. Die Kaiserin wird sich in Paris zwei Tage aufhalten, jedoch nicht in der österreichischen Botschaft, sondern im Hotel »Bristol« absteigen.

Morgenpost, 21. September 1875

Hatte man sich zu Lebzeiten Elisabeths nur wenig für die zurückgezogene und eher »seltsame« Kaiserin interessiert, wurden nach ihrem Tod die Möglichkeiten der Vermarktung der unglücklichen, schönen Kaiserin, die tragisch ums Leben gekommen war, erkannt. Schnell wurden unzählige Gedenkbilder und -münzen sowie andere Memorabilia, die an die Kaiserin erinnerten, verbreitet. Bezeichnenderweise wurde mangels Vorlage kein authentisches Portrait als Muster für diese schon bald begehrten Sammlerstücke verwendet, sondern mittels Photomontage und Retouche ein Phantasietypus kreiert, der mit Elisabeth nur wenig zu tun hatte. Verwendet wurde die letzte Atelier-Photographie Elisabeths, die Ludwig Angerer im Jahr 1868/69 angefertigt hatte, als Elisabeth Anfang dreißig war. Mittels Retouche alterte Elisabeth dezent, Kleidung und Frisur wurden modisch adaptiert – und fertig war das Bild einer Kaiserin, die so nie existiert hatte.

Parallel dazu kamen in den 1920er Jahren die ersten Fortsetzungsromane über Kaiserin Elisabeth auf den Markt. Diese Romane bildeten die Basis für alle späteren Ver-

Die Trauung in der Wiener Hofkirche

Die junge Kaiserin

Das junge Kaiser-Brautpaar

wertungen der Geschichte der Kaiserin: Erstmals wurde von der romantischen Liebesheirat erzählt, die es ja zumindest von Seiten Elisabeths nie gegeben hatte, zum ersten Mal wurde Elisabeth als umjubelte und von ihrem Volk geliebte Kaiserin dargestellt, was ebenso wenig den Tatsachen entsprach. Dennoch – oder gerade deshalb – war die Geschichte ein großer Erfolg und inspirierte einige Jahre später Ernst Decsey und Gustav Holm zu dem Lustspiel »Sissys Brautfahrt«, das wiederum Ernst und Hubert Marischka als Vorlage für ihr Singspiel »Sissy« diente, das 1932 uraufgeführt wurde. Rund zwei Jahrzehnte später machte Marischka aus dem Stoff jenen Film, in dem sich die junge Romy Schneider als entzückende »Sissi« in die Herzen eines Millionenpublikums spielte.

»Die junge Kaiserin«; Federzeichnung für einen Elisabeth-Roman im »Kleinen Volksblatt«, 25. September 1933.

Filmplakat zum zweiten
Teil von Ernst Marischkas
»Sissi«-Trilogie.

Gegenüberliegende Seite:
Oben: Szene aus »Sissi«.
Mitte: Szene aus
»Sissi – Schicksalsjahre
einer Kaiserin«.
Unten: Szene aus
»Elisabeth von Österreich«
von Adolf Trotz mit
Lil Dagover als
Elisabeth; 1931.

ELISABETH IM FILM

In den frühen Filmen der 1920er und 1930er Jahre spielte
Elisabeth nur »Nebenrollen« in Filmen über Kaiser Franz
Joseph oder Kronprinz Rudolf und wurde daher auch nicht
als junge liebreizende Kaiserin, sondern als reife Frau dargestellt. Erst mit Ernst Marischkas »Sissi«-Trilogie aus den
1950er Jahren wurde Elisabeth zur weltweit bekannten und
verehrten »Sissi«. Dazu trug vor allem die junge Romy
Schneider bei, die bis heute das Bild der jungen, herzigen,

ungezwungenen »Sissi« prägt, das jedoch nur wenig mit der tatsächlichen Persönlichkeit der Kaiserin Elisabeth übereinstimmt. Der dritte Teil der »Sissi«-Filme endet bezeichnenderweise genau in dem Moment, als Elisabeth aus ihrer Rolle als Kaiserin und Gemahlin ausbricht und ein unabhängiges Leben nach ihren persönlichen Vorstellungen durchsetzt.

SISSI, Schicksalsjahre einer Kaiserin

Dieser Teil ihres Lebens hätte schlecht in das Bild der liebenden Ehefrau, aufopfernden Mutter und mildtätigen Kaiserin, die um das Wohl ihres Volkes besorgt ist und der die Herzen zufliegen, gepasst und wurde daher kurzerhand weggelassen. Dieser Umstand trug dazu bei, dass weltweit in erster Linie die romantische Liebesgeschichte und das Bild einer beliebten Kaiserin bekannt wurde und bis heute vielfach angenommen wird, Elisabeth sei früh gestorben, da man von ihrem späteren Leben nichts weiß.

Noch einmal trat Romy Schneider als Kaiserin Elisabeth im Film auf: Luchino Visconti zeigte in seinem »Ludwig II.« eine kapriziöse, distanzierte Elisabeth, die mit der reizenden »Sissi« aus den 1950er Jahren nichts mehr gemein hatte. Doch bei Visconti stand Elisabeths Cousin Ludwig im Mittelpunkt, mehr als eine Momentaufnahme der Kaiserin wurde in diesem 1972 gedrehten Film also nicht gegeben.

Machen wir uns also auf die Spurensuche nach der historischen Elisabeth!

DIE ANFÄNGE

Oben: Die Ankunft der
Kaiserbraut in Linz an der
Donau; Lithographie von
Josef Edelbacher, 1854.

Gegenüberliegende Seite:
Elisabeth im Alter von
fünfzehn Jahren; Photo-
graphie von Alois Löcher,
1852/53.

Jugend in Bayern

Am 24. Dezember 1837 wird Elisabeth in München als Tochter von Herzog Maximilian in Bayern und der bayerischen Königstochter Ludovika geboren. Sisi – wie Elisabeth im Familienkreis genannt wird – ähnelt in vielem ihrem Vater – der volkstümliche Herzog liebt die Natur, ist passionierter Reiter und Reisender. Sisi wächst frei und ungezwungen, abseits von Etikette, Zeremoniell und höfischen Zwängen in München und Schloss Possenhofen am Starnberger See auf. Sie liebt vor allem die Sommermonate in »Possi«, wie Possenhofen in der Familie heißt, wenn sie mit ihren Geschwistern Ludwig, Helene (Néné), Carl Theodor (Gackel), Marie, Mathilde (Spatz), Sophie und Max Emmanuel (Mapperl) im Freien herumtollen, bergsteigen und schwimmen gehen kann. Dieses ausgelassene und unreglementierte Privatleben ist nur deshalb möglich, weil jene Seitenlinie der Wittelsbacher, der ihr Vater ange-

hört, keine offizielle Funktion am Münchner Hof hat. Die Ehe ihrer Eltern ist nicht glücklich, zu verschieden sind die Interessen und das Temperament der beiden. Ludovica kümmert sich mit Hingabe um ihre Kinder und Sisi wird Zeit ihres Lebens ein enges Verhältnis zu ihrer Mutter und ihren Geschwistern haben. Herzog Max hält wenig von Familienleben und verbringt viel Zeit mit seinen Geliebten und den unehelichen Kindern. Im Alter von fünfzehn Jahren verliebt sich Sisi erstmals in einen Grafen Richard S., der in herzoglichen Diensten steht und daher indiskutabel ist. Er wird kurzerhand mit einem Auftrag weggeschickt, erkrankt und stirbt kurze Zeit später. Sisi ist untröstlich und schreibt ihre ersten melancholischen Liebesgedichte.

Oben: Herzogin Ludovika in Bayern; Aquarell von Bodo Winsel, 1848.

Mitte: Herzog Max in Bayern, um 1850.

Unten: Kinderhandschuhe Elisabeths.

Gegenüberliegende Seite: Oben: Schloss Possenhofen am Starnberger See, 1854.

Unten: Die elfjährige Sisi mit ihrem Lieblingsbruder Carl Theodor (Gackl), 1849.

DIE ANFÄNGE

VERLOBUNG IN ISCHL

Im Sommer 1853 begleitet Sisi
ihre Mutter und ältere Schwes-
ter Helene – Néné – nach Bad
Ischl, um den 23. Geburtstag
ihres Cousins, des jungen Kaisers
Franz Joseph zu feiern. Eigent-
licher Grund dieser Reise sind
allerdings Hochzeitspläne, die die
Mütter von Franz Joseph und
Helene, die Schwestern sind,
geschmiedet haben: Franz Joseph

soll sich mit Néné verloben. Die Mütter haben sich das zwar
gut ausgedacht, aber es kommt ganz anders. Bei ihrer
Ankunft in Ischl ist das Gepäck noch nicht da, sodass sich
die Prinzessinnen nicht umziehen können. Néné ist nervös
und angespannt, für sie steht sehr viel auf dem Spiel. Sisi
hingegen ist unbekümmert, natürlich, unbefangen. –
Franz Joseph verliebt sich auf den ersten Blick in Sisi
und schwärmt: *Nein, wie süß Sisi ist, sie ist frisch wie
eine aufspringende Mandel und welch herrliche
Haarkrone umrahmt ihr Gesicht! Was hat sie für
liebe, sanfte Augen und Lippen wie Erdbeeren!*

Franz Joseph hört dieses eine Mal
ausschließlich auf sein Herz und wählt
Elisabeth. Gleich am nächsten Tag hält
er um ihre Hand an. Als Sisi gefragt
wird, bricht sie in Tränen aus: *Wie
kann er nur an mich denken? Ich
bin ja so unbedeutend! – Ich hab den
Kaiser so lieb! Wenn er nur kein Kaiser wäre!*

Am 19. August findet die feierliche Ver-
lobung statt, Sisi ist von all der Aufmerksamkeit, die man
ihr entgegenbringt, eingeschüchtert und still – Franz Joseph
hingegen überglücklich. Auch seine Mutter, Erzherzogin
Sophie, hat Verständnis für die verschreckte Sisi und ist im

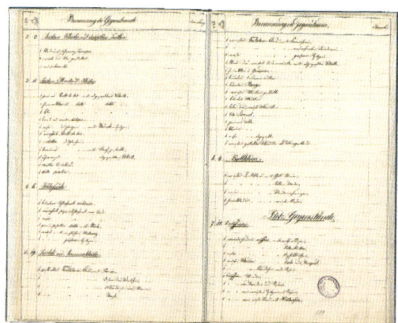

Aussteuerliste Elisabeths. Die Aussteuer bestand aus Geschmeide, goldenen Geräten, Kleinodien, Silber und Garderobe und war für eine künftige Kaiserin sehr bescheiden.

Übrigen gar nicht, wie so oft berichtet, gegen die Wahl ihres Sohnes. Im Gegenteil, anlässlich des ersten öffentlichen Auftritts beim Geburtstagsball Franz Josephs beschreibt sie Sisi als *so anmutvoll, so bescheiden, so untadelig, so graziös …*, schwärmt von Sisi als einer *Rosenknospe, die sich unter den Strahlen der Sonne entfaltet* und freut sich vor allem, ihren Sohn so glücklich zu sehen.

Nach der Verlobung in Ischl kehrt Sisi nach Bayern zurück, wo sofort mit den Hochzeitsvorbereitungen begonnen wird. Unter anderem wird Sisi auf ihre künftige Rolle als Kaiserin von Österreich vorbereitet – Sisis Unbehagen und ihre Angst vor dem Wiener Hof nimmt zu. Sie spürt, dass sie mit ihrer Verlobung die Bühne der Weltgeschichte betreten und damit ihre persönliche Freiheit aufgegeben hat.

Elisabeth im Efeuschmuck; Amanda Bergstedt nach Franz Schrotzberg.

»OH MEIN HERR WELCH SCHÖNER TRAUM«

Nur wenige Kleider Elisabeths sind bis heute erhalten. Zu diesen seltenen Stücken zählt das so genannte Polterabendkleid, das Elisabeth vermutlich anlässlich ihres Abschieds-

Links: So genanntes Polterabendkleid der Kaiserin Elisabeth; Kopie im Sisi Museum nach dem Original im Kunsthistorischen Museum Wien.

Unten: Stola des Kleides mit gesticktem Sultanssiegel und osmanischer Inschrift.

balles in München trug, bevor sie am 20. April 1854 ihre Heimat verließ. Das Original befindet sich im Kunsthistorischen Museum Wien, kann jedoch aus konservatorischen Gründen nicht mehr präsentiert werden. Anlässlich der Eröffnung des Sisi Museums in den Kaiserappartements der Wiener Hofburg im April 2004 wurde eine Kopie des ungewöhnlichen Kleides angefertigt, die nun ausschließlich in diesem Museum zu sehen ist. Im Zuge der Recherchen für die Rekonstruktion wurden erstmals die orientalischen Ver-

zierungen auf dem Kleid sowie der Stola vom Institut für Arabistik der Universität Wien untersucht. Dabei wurde festgestellt, dass es sich bei den Stickereien nicht um Phantasiedekorationen handelt, sondern um eine »tugra« – ein historisches Sultanssiegel – sowie um eine osmanische Inschrift, die erstmals übersetzt wurde und viel sagend »Oh mein Herr welch schöner Traum« bedeutet. Da keine Quellen zur Entstehung dieses Kleides existieren, lässt sich nicht mehr feststellen, wann, wo und unter welchen Umständen das Kleid angefertigt wurde.

Eine Möglichkeit wäre, dass Elisabeths Vater, Herzog Max in Bayern, der ausgedehnte Reisen unternahm, sich intensiv mit dem Orient beschäftigte und 1839 ein Buch über seine »Wanderungen nach dem Orient« veröffentlichte, den außergewöhnlichen Stoff für diesen besonderen Anlass anfertigen ließ oder direkt von einer Reise mitbrachte. Ehrenkleider gehörten jedenfalls zu üblichen Ehrengeschenken im osmanischen Raum, und die Inschrift muss sich nicht unbe-

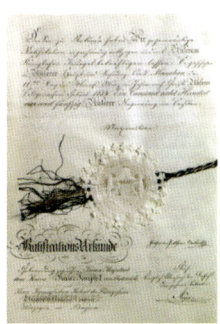

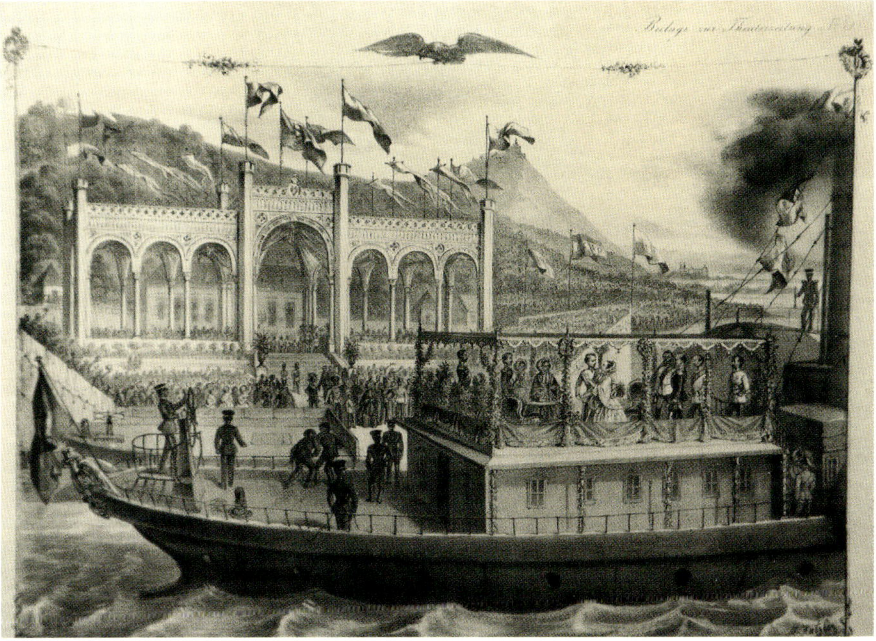

Ankunft Elisabeths in Nußdorf bei Wien am 22. April 1854; Lithographie von Vinzenz Katzler.

Unten: Ehevertrag vom 4. März 1854.

dingt auf das Ereignis der bevorstehenden Hochzeit beziehen, da Sultanssiegel als dekoratives Element und ähnliche Inschriften in der osmanischen Kultur auf Kunstgegenständen wie Speiseplatten oder Kerzenleuchtern bekannt sind.

Hochzeit in Wien

Es war keine Traumhochzeit. – Elisabeth wird in den Tagen vor der Hochzeit immer stiller. Nach dem tränenreichen Abschied von ihrer bayerischen Heimat fährt sie mit ihren Eltern von Straubing donauabwärts nach Wien, wo sie am 22. April 1854 ankommt. Man hat sie auf das höfische Zeremoniell vorbereitet, dennoch, als Elisabeth am 23. April in einer von acht Lipizzanern gezogenen Prunkkarosse von Schönbrunn aus in Wien einzieht, sehen die jubelnden Wiener keine strahlende schöne Kaiserbraut, sondern ein erschöpftes, ängstliches, weinendes Mädchen. Als sie in der

Ratifications Urkunde

Hofburg ankommt und feierlich
von der versammelten kaiserlichen
Familie empfangen wird, beruhigt
sie sich etwas. Sophie vermerkt in
ihrem Tagebuch, dass Sisi *ent-
zückend* sei und: *Das Benehmen des
lieben Kindes war vollendet, voll süßer
und graziöser Würde.*

Die Hochzeit findet am Abend
des 24. April 1854 in der Wiener
Augustinerkirche, der Pfarrkirche der Hofburg, statt. Die
Augustinerkirche ist festlich geschmückt und von 15000
Kerzen erleuchtet. Die Monarchie präsentiert sich von ihrer

prächtigsten Seite.
Die Zeremonie wird
vom Wiener Erz-
bischof Kardinal
Rauscher geleitet,
der von über siebzig
Bischöfen und Prä-
laten begleitet wird.

Elisabeth ist von
den zeremoniösen
Feierlichkeiten, den
fremden Blicken und
großen Erwartungen
überfordert. Wäh-
rend ihres ersten
Empfanges als neue
Kaiserin in den
Prunkappartements
der Hofburg bricht
sie vor Erschöpfung
in Tränen aus und
verlässt den Saal.

ELISABETHS BRAUTSCHMUCK

Nachdem es keine offiziellen Darstellungen der Braut oder des Brautpaares gibt, gab es bisher sowohl über Elisabeths Hochzeitskleid als auch über den Schmuck der kaiserlichen Braut nur Spekulationen. Im Zuge der Recherchen für das Sisi Museum wurde in der Schatzkammer der Wallfahrtskapelle Altötting in Bayern, der als Wallfahrtsort der Wittelsbacherdynastie zahlreiche kostbare Weihegeschenke besitzt, der originale Brautschmuck der Kaiserin Elisabeth entdeckt. Es handelt sich dabei um einen schlichten Blütenkranz aus Goldgespinst als Haarschmuck, eine Brustschließe sowie zwei Kämme, die hinter dem Ohr ins Haar gesteckt wurden und damit auch gleichzeitig als Ohrschmuck dienten. Elisabeth war also als Braut nicht mit kostbarem Geschmeide und Juwelen geschmückt, sondern trug einen schlichten, filigranen Blütenkranz, der sowohl der Tradition des konservativ katholischen Hauses Habsburg als auch der Persönlichkeit der jungen, anmutigen Kaiserbraut entsprach. In den Anna-

Oben: Das junge Kaiserpaar; Lithographie von Eduard Kaiser, 1856.

Rechts: Der Brautschmuck der Kaiserin Elisabeth; er wird heute in der Schatzkammer der Wallfahrtskapelle Altötting in Bayern aufbewahrt.

len der Kapellenverwaltung Altötting ist festgehalten, dass der
Brautschmuck der Kaiserin
von Konrad von Bayern,
dem jüngsten Sohn der
ältesten Tochter
Elisabeths,
Gisela, der
Wallfahrts-
kapelle
überge-
ben wur-
de. Konrad von
Bayern gab bei der feier-
lichen Übergabe an, dass der Schmuck von seiner Großmutter Elisabeth bei ihrer Hochzeit getragen wurde sowie
noch ein zweites Mal von seiner Mutter Gisela bei ihrer
Hochzeit mit Leopold von Bayern.

Die politische Lage – es ist die Zeit des Krimkrieges –
lässt keine Flitterwochen zu. Offiziell verbringt das junge
Kaiserpaar seine Flitterwochen auf Schloss Laxenburg bei
Wien. Franz Joseph fährt jedoch täglich in aller Früh zu
Regierungsgeschäften in die Hofburg oder nach Schönbrunn
und kommt erst spätabends zurück. Sisi ist einsam, hat
Heimweh. Nur wenige Tage nach ihrer Hochzeit, am
8. Mai 1854, schreibt sie:

O, daß ich nie den Pfad verlassen,
der mich zur Freiheit hätt' geführt.
O, daß ich auf der breiten Straßen
Der Eitelkeit mich nie verirrt!

Pluviale mit der Silber-
stickerei des Brautkleides
der Kaiserin Elisabeth
(unten ein Detail), Moiré
mit Silberstickerei. Die
Stickerei wurde vom
Brautkleid der Kaiserin,
das nach der Hochzeit der
Wallfahrtsbasilika Maria
Taferl gestiftet wurde,
abgenommen und auf den
Vespermantel aufgetragen,
der in der Schatzkammer
der Wallfahrtsbasilika
ausgestellt ist.

REPRÄSENTATION

Oben: Kaiserin Elisabeth und Kaiser Franz Joseph (links und rechts zu Pferd) mit dem französischen Kaiserpaar Napoleon III. (links stehend) und Eugenie (Mitte) in Salzburg; Photographie um 1867.

Gegenüberliegende Seite: Kaiserin Elisabeth (in der Kutsche) und Kaiser Franz Joseph (zu Pferd) mit Kronprinz Rudolf und dessen Ehefrau Stephanie in Laxenburg; Gemälde von Karl Schwendinger, 1867.

Franz Joseph und
Elisabeth vor der Gloriette
im Schlosspark von
Schönbrunn;
Ignatz Lechleitner,
um 1854/55.

AM HOF IN WIEN

Elisabeth fühlt sich vom ersten Tag an unwohl in ihrer neuen Rolle, versucht aber zu Beginn noch, die in sie gesetzten Erwartungen zu erfüllen. Doch ihre Pflichten als Kaiserin sind ihr vom ersten Tag an unangenehm, Repräsentation und das strenge Hofzeremoniell sind ihr lästig, sie verabscheut die starren hierarchischen Strukturen und Intrigen des Wiener Hofes. Ständig ist sie dem Zeremoniell und ihrer Stellung als erste Dame bei Hof entsprechend von Hofdamen – Damen der Hocharistokratie, von denen sie sich bespitzelt und beobachtet fühlt – umgeben. Bei repräsentativen Auftritten fühlt sie sich nach eigenen Worten vorgeführt wie ein Pferd *im Geschirr*. Sisi leidet zunehmend unter dem Verlust ihrer persönlichen Freiheit:

Seufzend von dem müden Haupte
Nehm' die Krone ich herab;
Wie viel gute Stunden raubte
Heut' der Ceremonienstab!
Hofball, 1887

Die junge Kaiserin beginnt an Schlaflosigkeit, Appetitlosigkeit und anhaltendem Husten zu leiden. Um einer Lungenerkrankung vorzubeugen, wird sie 1860 auf Anraten der Ärzte nach Madeira geschickt. Zum ersten Mal ist Sisi wieder frei von jeglicher Verpflichtung und genießt ihr Leben weitab von höfischen Zwängen. Sie dehnt den Kuraufenthalt aus und versucht so lange wie möglich

Ich bin erwacht in einem Kerker
Und Fesseln sind an meiner Hand
Und meine Sehnsucht immer stärker
Und Freiheit du mir abgewandt!
8. Mai 1854

von Wien wegzubleiben. Sie reist nach Korfu und Venedig, dann nach Reichenau an der Rax und Possenhofen – um Wien macht sie einen großen Bogen.

Als Elisabeth nach fast zweijähriger Abwesenheit an den Wiener Hof zurückkehrt, ist eine tief greifende Verwandlung vor sich gegangen: Aus dem anmutigen, aber schüchternen und melancholischen Mädchen ist eine selbstbewusste stolze Schönheit geworden. In dieser Zeit entstehen auch die berühmten Portraits von Franz Xaver Winterhalter. Das bekannteste ist zweifellos jenes Gemälde aus dem Jahr 1865, das Elisabeth in Hofgala mit Diamantsternen im Haar zeigt.

Gegenüberliegende Seite: Kaiserin Elisabeth in Hofgala mit Diamantsternen; Gemälde von Franz Xaver Winterhalter, 1865.

Originaler Diamantstern der Kaiserin Elisabeth nach dem Entwurf des ehemaligen Hofjuweliers Rozet & Fischmeister. Elisabeth besaß nicht nur ein Set von 27 Diamantsternen, es haben sich bis heute zwei Versionen der berühmten Sterne erhalten. Eine Variante stammt von Hofjuwelier Jakob Heinrich Köchert und ist mit einer Perle in der Mitte gearbeitet, eine zweite Variante ohne Perle wurde nach einem Entwurf von Hofjuwelier Rozet & Fischmeister angefertigt. Einige Sterne wurden an Hofdamen verschenkt und befinden sich bis heute im Besitz der Nachkommen, ein Set von 27 Diamantsternen wurde in der Familie weitervererbt. So sind diese Sterne auf einer Photographie abgebildet, die den Brauttrousseau der Erzherzogin Elisabeth (genannt Erzsi), der Tochter Kronprinz Rudolfs, anlässlich ihrer Hochzeit mit Otto Fürst Windisch-Graetz im Jahr 1902 zeigt.

Doch auch jetzt fühlt sich Elisabeth nicht wohl bei Hof und verarbeitet ihre Abscheu gegen die Wiener Hofgesellschaft in ihren Gedichten, die beweisen, dass sie eine äußerst spitze Zunge hatte. In diesen Gedichten prangert sie unverhohlen Scheinheiligkeit, Falschheit und Hochmut an und rechnet dabei auch mit der kaiserlichen Familie ab:

Das junge Kaiserpaar in Venedig; Anton Einsle, 1856.

Doch mein Körper nur, der rastet;
Denn mein vielgeplagter Geist
Wird noch ärger jetzt belastet
Und mit Wiener Tratsch gespeist.

Nah'n ja doch die höchsten Namen
Unsrer Aristokratie
Sternkreuz – und Palastes Damen;
(Fett und meistens dumm sind sie).

Oh, ich kenn' Euer Gebaren!
Weiss, wie Ihr mich schwer geschmäht
Schon seit meinen Jugendjahren
Und Euch fromm dabei verdreht.

Ja, auf andere die Steine
Werfen könnt ihr meisterlich!
Unter falschem Heil'genscheine
Thut man dann so gütlich sich …

Hofball, 1887

Unten: Detail der schwarzen Spitzenstola der Kaiserin Elisabeth, die sie auf der Darstellung von Anton Einsle trägt.

Auf Titania, schmücke dich
Heut' mit Diamanten!
Sonntag ist's es nahen sich
Wieder die Verwandten …

Erster zu erscheinen pflegt
Ob'rons jüngster Bruder;
(Und der grosse Erdball trägt
Kein solch' zweites Luder).

In dem kränklich schlaffen Leib
Herrscht ein äffisch Wesen;
Lügen ist stets Zeitvertreib
Ihm und Pflicht gewesen.

Ehrabschneiden zum Metier
Hat er sich erkoren;
Drum, wer ihm verfällt, dem weh!
Der ist schon verloren.

Folget nun die grosse Schar
All der Muhmen, Basen,
Wenn an Spiritus auch bar,
Auf mit Stolz geblasen.

Diese einer Schweizer Kuh
Gleich an fetten Formen,
Dünkt sich doch in stolzer Ruh'
Schön bis zum Abnormen.

Jene aber, hässlich, wie
Eine Hex im Märchen,
Lässt am Nebenmenschen nie
Steh'n ein gutes Härchen.

Die in greller Pfauenpracht
Dort und falschem Schopfe,
Ei, wie sie sarkastisch lacht,
Mit dem schiefen Kopfe! …

Familienmahl, 1887

Elisabeth ist immer seltener in Wien, gibt ein Vermögen für ihre kostspieligen Vergnügen wie Reitsport und Reisen aus und nimmt kaum mehr an öffentlichen Auftritten des Kaiserhauses teil. Mit ihrem demonstrativen Desinteresse verärgert sie immer öfter die Öffentlichkeit. So wird etwa die große Eröffnung der Wiener Oper extra kurzfristig für sie verschoben, da sie sich länger in Ungarn aufhält als erwartet. Zur Eröffnung kommt sie trotzdem nicht, da sie sich unpässlich fühlt. Langsam werden in Hofkreisen Anspielungen auf die seltene Präsenz der Kaiserin gemacht, doch Franz Joseph hält zu seiner Frau und Elisabeth interessiert die öffentliche Meinung nicht im Geringsten.

Die Silberhochzeit des Kaiserpaares im Jahr 1879 bietet einen geeigneten Anlass, diesem schlechten »Image« entgegenzuwirken. Franz Joseph bittet seine Frau, ihm diesmal

Rekonstruktion des Rubinschmuckes Kaiserin Elisabeths. Nachdem die Familienjuwelen, zu denen auch der Rubinschmuck zählte, seit 1918 verschwunden sind, wurden einige ausgewählte Schmuckstücke der Kaiserin – gesponsert von der Firma Swarovski – nach Gemälden und historischen Beschreibungen mit original Swarovski-Kristallen für das Sisi Museum rekonstruiert. Es handelt sich dabei um den ungarischen Krönungsschmuck Elisabeths, ein Set ihrer berühmten Diamantsterne sowie den 1854 für Elisabeth umgearbeiteten Rubinschmuck bestehend aus Diadem, Collier und Corsage. Der prächtige Rubinschmuck, den Elisabeth auch auf dem Gemälde Georg Raabs trägt, war ursprünglich das Hochzeitgeschenk Maria Theresias an ihre Tochter Marie-Antoinette anlässlich ihrer Hochzeit mit dem französischen Thronfolger und späteren König Ludwig XVI. im Jahr 1770. Einige Jahre später, 1801 (andere Quellen nennen 1787), gelangte der Schmuck wieder in die Wiener Schatzkammer. Am 1. November 1918 wurde der Schmuck mit zahlreichen weiteren Schmuckstücken und Juwelen von Leopold Graf Berchtold, dem Oberstkämmerer Kaiser Karls I. aus der Vitrine XIII der Schatzkammer entnommen und am 4. November in die Schweiz gebracht. Im Jahr 1919 wurde zum Schweizer Juwelier Alphonse de Sondheimer (er wurde von Karl im Jahr 1921 geadelt) Kontakt aufgenommen, um die Schmuckstücke zu verkaufen. In seinen Memoiren beschreibt Sondheimer die einzelnen Schmuckstücke detailliert und gibt an, dass die Steine ausgebrochen und einzeln verkauft wurden, nachdem sich ein Verkauf der Schmuckstücke im Ganzen als undurchführbar herausgestellt hatte. Die Familie Habsburg widerspricht bis heute dieser Darstellung und gibt an, dass ihnen die betreffenden Schmuckstücke im Exil gestohlen worden seien,

zur Seite zu stehen und ihm zuliebe lässt sie sich diesmal »einspannen«. Das Ereignis wird mit großem Pomp inszeniert. Ihr Auftritt bei den Feierlichkeiten wird zu einer Sensation, sie ist strahlend, schön, anmutig und charmant. Elisabeth absolviert das gesamte Programm gemeinsam mit dem Kaiser, darunter das Entgegennehmen der Huldigungen der Vertreter der Kronländer, Diplomaten und europäischen Regenten und die Empfänge, die drei Tage lang nahezu ununterbrochen stattfinden. Vor allem das Entgegennehmen der Glückwünsche der Gesandten der österreichischen Kronländer ist anstrengend: stundenlanges Stehen und Aufsagen des immer gleichen Dankessatzes. In den Zeitungen wird positiv bemerkt, dass Elisabeth anwesend ist und sich nur ab und zu für einige Minuten auf einem Sessel, der in einer Fensternische für sie aufgestellt wurde, ausruht. Höhepunkt ist die Soiree in der Hofburg, zu der 5000 geladene Gäste erscheinen: *Um 3/4 10 Uhr erschien der Kaiser, die Kaiserin*

Gegenüberliegende Seite: Elisabeth im Rubinschmuck, Georg Raab 1879. Das Gemälde wurde anlässlich der Silberhochzeit des Kaiserpaares gemalt und ist das letzte Portrait der Kaiserin, für das sie Modell stand.

am Arme führend … Das Erscheinen des Hofes war das Signal für die Anwesenden, die Nebenlokaliäten zu verlassen und in dem Rittersaale Aufstellung zu nehmen. Der Kaiser, welcher die Marschallsuniform trug, führte die Kaiserin bis in die Mitte des Saales. Hier hielt die Monarchin allein Cercle, während der Kaiser den Saal hinaufschritt, gefolgt von den Erzherzogen und Hofkavalieren. Die Toilette der Kaiserin war reizend. Die Monarchin trug ein perlgraues, hohes Atlaskleid mit weißem Gaze-Ueberwurf und lange Schleppe. Reiche Silberstickerei zierte die Robe. Die Schleppe zeigte kunstvoll in Silber gestickte Palmenblätter. Auf der Weste blitzten in lebhaftem Feuer Diamanten und Rubinen. Dieselben Steine trug die Kaiserin im Gürtel, sowie in dem Kollier, das aus drei Reihen Diamanten und Rubinen bestand. Das Diadem war mit großen Diamanten besetzt, welche ebenfalls mit Rubinen abwechselten.

Einmal noch hat sich Elisabeth bei diesen pompösen Feierlichkeiten Franz Joseph zuliebe zur Verfügung gestellt. Es sollte ihr letzter großer Auftritt sein.

Erzsébet királyné
Königin Elisabeth von Ungarn

Elisabeth setzt die Macht ihrer Schönheit ganz bewusst für ihre Interessen ein. Elisabeth ist eigentlich an aktiver Politik wenig interessiert und mischt sich auch nur ein einziges Mal in die Regierungsgeschäfte ihres Mannes ein, um sich für Ungarn einzusetzen. Elisabeth empfindet große Zuneigung für das temperamentvolle und stolze ungarische Volk, das seit der Niederschlagung der Revolution von 1849 absolutistisch regiert wird. Ihre Lieblingshofdame der ersten Jahre, Caroline »Lilly« Hunyady, schwärmt ihr als erste von ihrer ungarischen Heimat vor, ab 1863 lernt Elisabeth ungarisch und 1864 holt sie ein junges Mädchen, das entgegen der höfischen Tradition nicht aristokratischer Herkunft ist, als Vorleserin an den Wiener Hof: Ida Ferenczy, die ihre engste Vertraute und beste Freundin werden sollte. Ida

Unten links: Elisabeth als ungarische Königin; Georg Raab, 1867.

Unten: Brillantkrone der Kaiserin Elisabeth. Diese mit Brillanten und Perlen besetzte und von einem Kreuz überhöhte Lilienkrone, die ebenfalls 1918 von Kaiser Karl aus der Schatzkammer entnommen wurde und seither verschollen ist, trug Elisabeth 1867 bei ihrer Krönung. Ein großer Teil der Brillanten geht auf eine Hauskrone Maria Theresias zurück, die – jeweils neu gearbeitet – auch von ihren Nachfolgerinnen getragen wurde.

O Ungarn, geliebtes Ungarnland!
Ich weiß dich in schweren Ketten.
Wie gern böt ich meine Hand,
Von Sklaverei dich zu retten!
O könnt ich Euch
den König geben!, 1886

ist außerdem eine Vertraute der ungarischen Liberalen Gyula Andrássy und Franz Deák und stellt vermutlich den ersten Kontakt zwischen Elisabeth und den beiden Politikern her. Elisabeth wird zu einer glühenden Fürsprecherin der ungarischen Interessen und zur großen Hoffnung der führenden ungarischen Vertreter, die erstmals seit Maria Theresia zu einem Mitglied der kaiserlichen

Elisabeth als ungarische Königin; historische Photographie von Emil Rabending 1866. Die Photoserie der Kaiserin wurde bereits 1866, einige Monate vor der offiziellen Krönung, aufgenommen.

Familie Vertrauen fassen. Zweifellos hat sie großen Anteil daran, dass Franz Joseph schließlich den Ausgleich unterzeichnet, der die historischen Rechte Ungarns anerkennt und die österreichisch-ungarische Monarchie begründet. 1867 findet schließlich in der Budapester Matthiaskirche die feierliche Krönung von Franz Joseph und Elisabeth zu ungarischen Königen statt.

Elisabeth wird am 8. Juni 1867 in der Matthiaskirche zur Königin von Ungarn gekrönt, indem sie mit der Heiligen Stephanskrone auf der rechten Schulter berührt wird. Auf dem Haupt trägt sie die auf Seite 47 gezeigte Brillantkrone.

FAMILIENLEBEN

Im Jahr 1855 wird Elisabeths und Franz Josephs erste
Tochter Sophie geboren, 1856 Gisela. Erste Meinungs-
verschiedenheiten mit ihrer Schwiegermutter Erzherzogin
Sophie über die Erziehung der Kinder bleiben nicht aus.
Elisabeth will ihre Kinder um sich haben, nicht in einer weit
weg von ihrem Appartement liegenden »Kindskammer«, die
dem Einfluss ihrer Schwiegermutter untersteht. Sie will ihre
Kinder auch auf Reisen mitnehmen, wogegen sich Sophie
deutlich ausspricht, da sie die Reisen für die Kinder zu strapaziös und gefährlich hält. Es ist allerdings nicht Hartherzig-
keit, die Erzherzogin Sophie veranlasst, Elisabeth die Kinder
»wegzunehmen«, sondern das Wohl des Hauses Habsburg,
das für Sophie stets im Vordergrund steht: Ihrer Meinung
nach ist der Platz einer Kaiserin an der Seite ihres Mannes,
womit sie aber nicht ausreichend Zeit hat, sich um die
Kinder zu kümmern. Elisabeth jedoch besteht darauf, die

Kaiserin Elisabeth als
junge Mutter;
Aquarell von
Josef Kriehuber, 1858.

Kinder bei sich zu haben, und zwingt Franz Joseph folgenden Brief an seine Mutter zu schreiben: ... *Nach reiflicher Überlegung und nachdem ich die Sache nochmals mit Sisi besprochen, bin ich der festen Überzeugung, daß es am besten ist, wenn die Kinder in die Radetzky-Zimmer kommen ... Sie haben, liebe Mama, einen Grund, der uns diesen Wechsel wünschen macht, gleich erraten. Ich bitte Sie jedoch inständig, Sisi nachsichtig zu beurteilen, wenn sie vielleicht eine zu eifersüchtige Mutter ist,– sie ist ja doch so eine hingebende Gattin und Mutter!*

»Die Allerhöchste Kaiserfamilie«; Photographie von Ludwig Angerer, 1859. Bezeichnenderweise gibt es nur ein einziges Photo, auf dem Elisabeth gemeinsam mit ihrer Familie und ihren Kindern zu sehen ist. Dargestellt sind sitzend v. l. n. r. Elisabeth mit dem kleinen Rudolf auf dem Schoß, Gisela, Erzherzogin Sophie sowie Erzherzog Franz Karl. Dahinter stehend v. l. n. r. Franz Joseph, Ferdinand Max (der spätere Kaiser von Mexiko), seine Gemahlin Charlotte, Franz Josephs jüngster Bruder Ludwig Viktor sowie Karl Ludwig. Elisabeth lässt sich im Gegensatz zu Franz Joseph kein einziges Mal mit ihren Kindern oder auch nur einem ihrer Kinder photographieren. Darstellungen der kaiserlichen Familie (s. auch Seite 52) sind zumeist Photomontagen, um in der Öffentlichkeit den Eindruck eines »normalen« Familienlebens zu vermitteln.

*Wenn sie die Gnade haben, die Sache ruhig zu überlegen, so
werden Sie vielleicht unser peinliches Gefühl begreifen, unsere
Kinder ganz in Ihrer Wohnung eingeschlossen mit fast gemein-
schaftlichem Vorzimmer zu sehen, während die arme Sisi die
Stiege hinaufkeuchen mußte, um dann selten die Kinder allein
zu finden, ja auch Fremde bei denselben zu sehen, denen Sie die
Gnade hatten, die Kinder zu zeigen, was besonders mir auch
noch die wenigen Augenblicke verkürzt, die ich Zeit hatte, bei
den Kindern zuzubringen.*

Sophie gibt nach und die Kinder übersiedeln. Doch
1857 folgt der große Schock: Elisabeth hat sich gegen ihre
Schwiegermutter durchgesetzt und nimmt ihre Töchter auf
eine Ungarnreise mit. Beide Töchter erkranken an Durchfall
und hohem Fieber, doch während sich die kleine Gisela
erholt, stirbt Sophie im Alter von erst zwei Jahren. Elisabeth
ist verzweifelt, sucht die Schuld bei sich und gibt zermürbt
schließlich auch den anfänglichen Kampf gegen ihre
Schwiegermutter um die Erziehung ihrer Kinder auf. So eng
sich Elisabeth ihren Eltern und Geschwistern verbunden
fühlt, so entfremdet ist Elisabeth ihren eigenen Kindern. Zu
Gisela und Rudolf, deren Erziehung die Großmutter über-
nimmt, wird sie Zeit ihres Lebens kein inniges Verhältnis haben. Einzige Ausnahme bildet ihre jüngste
Tochter Marie Valerie.

KRONPRINZ RUDOLF

Das Verhältnis zwischen Elisabeth und
ihrem 1858 geborenen einzigen Sohn,
Kronprinz Rudolf, ist ein äußerst ambivalentes.
Für Kaiser Franz Joseph ist es klar, dass sein
Sohn und Nachfolger die militärische Traditi-
on fortsetzen muss und ernennt Rudolf einen
Tag nach seiner Geburt am 21. August 1858
zum Inhaber des 19. Linien-Infanterie Regiments. Damit ist
Rudolfs Weg von Geburt an von seinem Vater vorbestimmt:

Kronprinz Rudolf;
Photographie von
Josef Albert, um 1873.

Mit zwei Jahren trägt Rudolf seine erste Uniform; mit dreieinhalb Jahren muss er den Vater zu stundenlangen Truppenparaden begleiten. Um das »Krepierl«, wie Franz Joseph seinen sensiblen Sohn nennt, abzuhärten und auf seine soldatische Laufbahn vorzubereiten, wird eine streng militärische Erziehung verordnet, die aus ihm ein verängstigtes nervöses und kränkliches Kind macht und entscheidenden Einfluss auf sein späteres Leben hat. So verordnet sein Erzieher Graf Gondrecourt ohne jegliches pädagogische Gespür drakonische Maßnahmen wie Kaltwasserkuren, stundenlanges Exerzieren (eines Siebenjährigen!) bei Kälte und Regen, nächtliches Wecken durch Pistolenschüsse und ähnliches. Elisabeth ist in den ersten Lebensjahren Rudolfs meist auf Reisen und hat in dieser Zeit nur brieflichen Kontakt zu ihren beiden Kindern.

Oben: Erzherzogin Gisela und Kronprinz Rudolf in Venedig; Photographie von Julie und Fritz Vogel, 1861/62.

Gegenüberliegende Seite: Familiengemälde anlässlich der Verlobung von Erzherzogin Gisela und Herzog Leopold von Bayern (rechts stehend); kolorierte Photographie nach einem Aquarell von Emil von Hartitzsch (s. auch Bildlegende Seite 50).

Mein lieber Rudolf,
Ich habe gehört, Du warst ja ganz bös, daß ich Dir nicht auch geschrieben habe. Ich habe gedacht Du wärst zu klein, um das zu verstehn, aber Du bist ja jetzt auch schon ganz vernünftig, ich werde Dir recht viele und schöne Spielsachen mitbringen. Erinnerst Du Dich denn noch ein wenig an mich? Es küßt Dich innigst und von ganzem Herzen, mein liebes Bubi Deine Mama.

Brief aus Madeira, 1861

Als Elisabeth Rudolf jedoch 1865 nach langer Abwesenheit wieder sieht, findet sie ihn dermaßen verängstigt und nervös, dass es *lebensgefährlich* sei und meint, dass Gondrecourts Erziehungsmethoden Rudolf ja *beinahe zum*

Das offizielle Verlobungs-
bild von Kronprinz
Rudolf und Prinzessin
Stephanie von Belgien;
Atelier Geruzet Frères,
Brüssel, 1880.

Trottel machen müssen. Sie stellt Franz Joseph ein Ultima-
tum: *Ich wünsche, daß mir vorbehalten bleibe unumschränkte
Vollmacht in allem, was die Kinder betrifft, die Wahl ihrer
Umgebung, den Ort ihres Aufenthaltes, die komplette Leitung
ihrer Erziehung, mit einem Wort, alles bleibt mir ganz allein
zu bestimmen, bis zum Moment der Volljährigkeit. Elisabeth.
Ischl, 24. August 1865.*

Franz Joseph gibt nach und Elisabeth bestellt in der
Folge Graf Latour zum Erzieher Rudolfs. Mit viel Einfüh-
lungsvermögen begleitet er den Kronprinzen bis zum Ende
seiner Studienzeit 1877, wird zu einer Art Vaterersatz und
bleibt ihm sein Leben lang freundschaftlich verbunden.
Durch Latour erhält Rudolf eine bürgerlich-liberal geprägte
Ausbildung, die ihn zu einem aufgeschlossenen, interessier-

ten Mann macht, der den aristokratischen Lebensstil verachtet. Sein privates Umfeld besteht in erster Linie aus liberalen Intellektuellen und Wissenschaftern, wofür er vom konservativen und klerikal geprägten Wiener Hof heftig attackiert wird und weswegen er sich politisch einflussreiche Kreise zu Feinden macht. Rudolfs politische Anschauungen stehen in krassem Gegensatz zur offiziellen Politik des Hofes und zwingen ihn zu einem Leben voller Heimlichkeiten. Seine politische Korrespondenz verschlüsselt er mittels Chiffriereinrichtung, seine politischen Artikel veröffentlicht er anonym. Rudolf führt einen jahrelangen Kampf um eine Aufgabe, die seinen Fähigkeiten entspricht, wird aber Zeit

Kronprinzessin Stephanie mit ihrer Tochter Elisabeth; Photographie von Othmar Türk, 1890.

seines Lebens von seinem Vater ignoriert. Sein Privatleben verläuft ebenso unbefriedigend wie sein berufliches. 1881 heiratet er Stephanie von Belgien, zwei Jahre danach wird ihre Tochter Elisabeth, Erzsi, geboren. Die anfangs bemüht harmonische Ehe wird jedoch über die Jahre durch die unterschiedliche persönliche Entwicklung der beiden sowie zunehmende Ausschweifungen des Kronprinzen bedroht und scheitert nicht zuletzt an einer Geschlechtskrankheit Rudolfs, mit der er auch seine Gemahlin ansteckt. Stephanie kommt aus erzkatholischem Haus, ist hochmütig, liebt Repräsentation und zeremonielles Hofleben. Rudolf kennt wie seine Mutter keine Standesdünkel und fühlt sich in ungezwungener Atmosphäre, die er vor allem in Heurigenlokalen fand, am wohlsten. Da er praktisch ohne Mutter aufgewachsen ist, hat er zu seiner Erzieherin sowie zu seiner Großmutter ein weit innigeres und vertrauteres Verhältnis als zu Elisabeth. Rudolf verurteilt den egoistischen, exaltierten sowie kostspieligen Lebensstil seiner Mutter, sie wiederum

Oben: Mary Freiin von Vetsera; Gemälde um 1889.

Unten: Kronprinz Rudolf auf dem Totenbett; 1889.

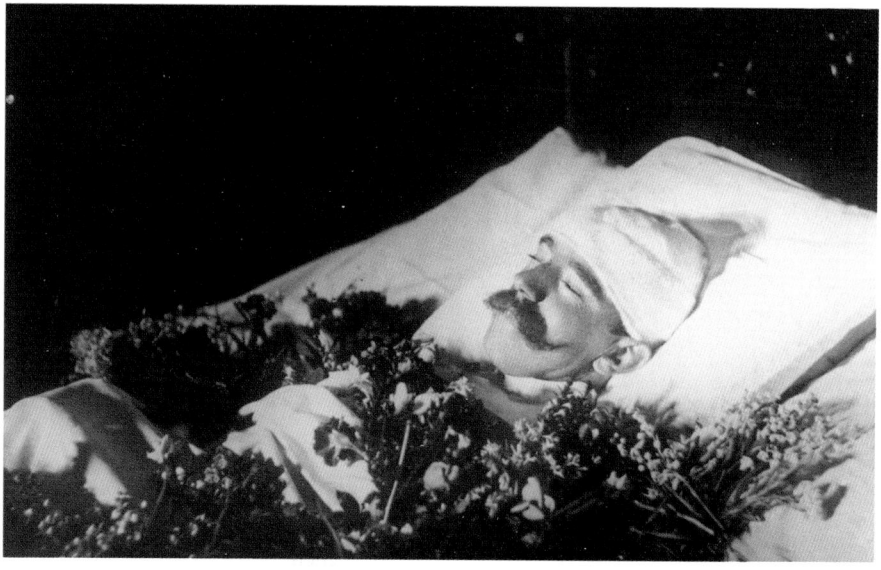

kann mit seinem verschlossenen Charakter wenig anfangen. Auch ihr Verhältnis zu Stephanie ist denkbar schlecht. Ab 1888/89 verschlechtern sich Rudolfs Gemütszustand ebenso wie seine Gesundheit dramatisch. Sein gescheiterter Kampf um Anerkennung durch den kaiserlichen Vater, seine gescheiterte Ehe, seine unheilbare Krankheit, zahlreiche Liebesabenteuer, Alkohol und Drogen haben aus dem dreißigjährigen Rudolf einen verzweifelten, resignierenden und zerstörten Menschen gemacht. An seinen Vertrauten Graf Latour schreibt er: *Ich sehe die schiefe Ebene, auf der wir abwärtsgleiten, stehe den Dingen sehr nahe, kann aber in keiner Weise etwas thun, darf nicht einmal laut reden, das sagen, was ich fühle und glaube.*

Am 30. Jänner 1889 erschießt sich Rudolf mit seiner letzten Geliebten, der siebzehnjährigen Baronesse Mary Vetsera, die bereit ist, mit ihm in den Tod zu gehen, im Jagdschloss Mayerling.

GISELA UND MARIE VALERIE

Zu ihrer ältesten Tochter Gisela hat die Kaiserin ein ähnlich distanziertes Verhältnis wie zu Rudolf. Gisela ist noch dazu kein hübsches Mädchen und in ihrem Wesen dem Vater viel ähnlicher als der Mutter. Gisela und Rudolf, die gemeinsam aufwachsen, sind als Kinder unzertrennlich und haben Zeit ihres Lebens ein enges Verhältnis zueinander. Im Jahr 1872, im Alter von sechzehn Jahren, heiratet Gisela den um zehn Jahre älteren Prinzen Leopold von Bayern, den zweitältesten Sohn des späteren Prinzregenten Luitpold und Erzherzogin Auguste. Das Paar lebt in München und bekommt vier Kinder. Elisabeth kann Giselas Rolle als Ehefrau und liebende Mutter nicht nachvollziehen.

Die Erzherzoginnen Gisela und Marie Valerie in Bad Ischl; Photographie von Victor Angerer, 1871.

Oben: Erzherzogin Gisela;
Photographie Edlinger
Ed., 1872.

Unten: Erzherzogin Marie
Valerie; Photographie von
Emil Rabending, 1872.

Familiäre Anlässe sind ihr prinzipiell unangenehm, anlässlich der Taufe ihres ersten Enkelkindes, der Tochter Giselas, schreibt sie an Ida Ferenczy: *Gottlob ein Tag vorüber. Bitter ist mir hier zu bleiben, ganz einsam und mit Niemandem sprechen zu können. Du fehlst mir unaussprechlich. Heute war die Taufe, Mutter und Kind sind so gesund, daß sie 100 Jahre leben werden …* Bei Giselas zweiter Tochter wird ihre Distanz zu ihren Enkelkindern noch deutlicher, als sie Rudolf schreibt: *Das Kind der Gizela ist selten hässlich, aber es unterhält Valerie ganz köstlich …*

Die einzige Ausnahme in Elisabeths Verhältnis zu ihren Kindern bildet ihre jüngste Tochter Marie Valerie, die im Jahr nach der ungarischen Königskrönung 1868 zur Welt kommt. Sie ist das erste Kind, bei dem Elisabeth die Mutterrolle einnimmt, und sie will nun alles nachholen, was sie bei ihren älteren Kindern versäumt hat. Sie hat Valerie immer bei sich, nimmt sie auch auf die meisten Reisen mit und überschüttet sie förmlich mit ihrer neu entdeckten Mutterliebe, was Valerie den Namen »Die Einzige« einbringt. Für sie organisiert sie Kinderbälle und Geburtstagsfeiern. Nur Valerie hat ihren Geschwistern gegenüber oft ein schlechtes Gewissen, weil sie so offensichtlich bevorzugt wird. 1890 geht Marie Valerie mit Unterstützung

Erzherzogin Marie Valerie
und Erzherzog Franz
Salvator; Photographie
Adéle, 1890.

ihrer Mutter mit Erzherzog Franz Salvator aus der Toscana-
linie eine Liebesheirat ein. Auch zu den Kindern ihrer Lieblingstochter hat Elisabeth ein eher distanziertes Verhältnis,
da sie sich durch sie immer an ihr Alter und ihre vergangene
Jugend erinnert fühlt. Sie kommt zwar zwischen ihren
Reisen immer wieder auf Besuch, bleibt aber meist nur ein
paar Stunden, bringt viele Geschenke und reist gleich wieder
weiter. Valerie bemerkt dazu in ihrem Tagebuch: ... *Ella
ganz vertraut mit ihr, sodass Mama viel Freude an ihr hatte
und sich besser, als ich für möglich gehalten, mit ihr abgab.*

   Das Paar lebt vorwiegend auf Schloss Wallsee in Ober-
österreich und hat zehn Kinder. 1919 unterzeichnet sie die
Verzichtserklärung und bleibt unter Beibehaltung ihres
Vermögens in Österreich.

DIE FLUCHT

Die Reiterin

Eine der größten Leidenschaften Elisabeths ist seit ihrer Kindheit die Reiterei. Schon von ihrem Vater hat sie das Kunstreiten gelernt, jetzt trainiert die Kaiserin hart und profiliert sich als eine der besten und mutigsten Reiterinnen Europas. Doch auch die Hohe Schule der Reitkunst will sie

beherrschen und sie engagiert die berühmten Kunstreiterin-
nen Emilie Loiset und Elise Petzold aus dem berühmten
Zirkus Renz, um das Kunst- und Springreiten zu lernen.
Dennoch sind wilde Reitjagden ihr größtes Vergnügen.
Nach Reitjagden in Ungarn, wo sie sich in ihrem Schloss
Gödöllő bei Budapest eine eigene Manege errichten lässt,
zieht es sie nach England, wo sie unbeschwerte Wochen mit

ihrer Lieblingsbeschäftigung verbringt. John Welcome
schreibt über Elisabeths ersten Reitaufenthalt in England:
*Sie genoß diese Stellung, die ihre besten Eigenschaften hervor-
treten ließ. Sie war heiter und glücklich, und wenn sie glücklich
war, war sie gütig, rücksichtsvoll und großmütig – das genaue
Gegenteil des selbstsüchtigen, introvertierten, launischen
Geschöpfes am Wiener Hof.*

    Als Pilot, der die Funktion des Reitführers und -lehrers
hatte, wird ihr einer der besten Reiter Englands, der schotti-
sche Offizier William George »Bay« Middleton, zur Seite
gestellt. Middleton ist vom Mut und der Ausdauer der
Kaiserin beeindruckt und mit seiner Hilfe gelingt es ihr, bei
Jagdrennen von manchmal bis zu hundert Reitern, bei

Oben: »Bay« Middleton
führte Elisabeth während
ihrer Reitaufenthalte in
den Jahren 1876 sowie
1878–1881; Basile
Nightingale.

Gegenüberliegende Seite:
Kaiserin Elisabeth zu
Pferd; Stahlstich von
Th. L. Alkinson,
um 1880.

denen meist nur eine Hand voll durchkommt, als einzige Frau das Ziel zu erreichen. Ein Jagdberichterstatter schreibt *Eine kühnere und gleichzeitig wahrhaft anmutigere Parforcereiterin hat es niemals gegeben!* Es folgen weitere Reit-aufenthalte und Elisabeth beginnt nun auch mit Hilfe Bay Middletons erstklassi-ge, und äußerst kostspielige Pferde für ihre Privatstallungen zu kaufen. Da sie nun viel Zeit mit Middle-ton verbringt, werden Gerüchte um ein angebliches Verhältnis der beiden laut, die Tratschereien und Intrigen verleiden Elisabeth den eng-lischen Aufenthalt und er wird ver-früht abgebrochen.

Ende der 1870er Jahre hört sie, dass die schwierigsten und gefährlichsten Reit-jagden in Irland stattfinden. Auf Lord Langfords Schloss Meath in Summerhill verbringt Elisabeth wiederholt mehrere Wochen. Ihre Parforceritte (ausgedehnte Geländeausritte, bei denen auch Hindernisse wie Hecken, Mauern oder Gräben zu über-winden sind) gehen dabei oft an die Grenzen des Machbaren. Ihre Hofdame Marie Festetics hat angesichts der gefährlichen Jagden, die jedes Mal auch schwer Verletzte fordern, große

Oben: Lederner Reitfächer der Kaiserin.

Rechts: *Die Kaiserin ver-birgt sich vor dem Photo-graphen* war unter dieser Photographie von Baader aus den 1870er Jahren zu lesen.

Angst um die Kaiserin und schreibt in ihr Tagebuch: *Es sind so hohe Drops, so tiefe Gräben, Doubles
und auch die Irish banks und Mauern und Gott
weiß, was alles, zum Hand- und Fuß- und Hals-
brechen. Ich höre nie so viel von gebrochenen Gliedern
wie hier und alle Tage sehe ich jemand »tragen«.
Bayzand ist böse gestürzt, Middleton hat sich über-
schlagen und auch Lord Langford, so geht das fort.
Die Kaiserin hat herrliche Pferde, Domino ist das
großartigste, ein prächtiger Rappe, der zu Lord
Spencers Schrecken am ersten Tag mit der Herrin vom
Fleck weg durchging. Das Feld war von scheußlichen
Hindernissen begrenzt, allen standen die Haare zu Berge. Was
würde sie tun? Sie hatte die Geistesgegenwart, das Pferd laufen
zu lassen, glücklich ging es über einige Gräben und dann hatte
sie es wieder und galoppierte ruhig zurück ... wirklich, mir
stehen oft die Haare zu Berge.*

Oben: Kaiserin Elisabeth
zu Pferd vor Schloss
Possenhofen; Gemälde
von Carl Piloty, 1853.

Unten: Damensattel
der Kaiserin Elisabeth.

Elisabeth liebt die sportliche Herausforderung, wird von
ihren Begleitern für ihren Mut und ihre Geschicklichkeit
bewundert und ist stolz, als einzige Frau – im Damensattel! –
zu bestehen und als einzige auch nie schwer zu stürzen.

Wir begegnen hier erstmals einem Wesenszug
Elisabeths, der sie veranlasst, ganz bewusst ihre
Grenzen auszuloten – unter anderem mit sport-
lichen Höchstleistungen, wobei sie sich ganz
bewusst in gefährliche Situationen begibt.

Elisabeth gibt das Reiten ganz plötzlich
auf. Rheuma und Ischiasschmerzen sollen
dafür verantwortlich sein, ihrer Hofdame Irma
Sztáray erklärt sie jedoch später einmal: *Plötzlich
und ohne jeden Grund hatte ich den Mut verloren
und ich, die ich noch gestern jeder Gefahr spottete,
erblickte heute eine solche in jedem Busche und konnte
mich von ihrem Schreckbilde nicht mehr befreien. Dies ist der
Grund, warum ich auch Valerie niemals erlaubte, ein Pferd
zu besteigen; ich wäre nicht fähig gewesen, die ewige Unruhe
zu ertragen.*

SCHÖNHEITSKULT

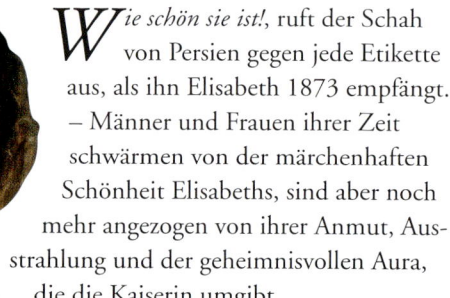

W*ie schön sie ist!*, ruft der Schah von Persien gegen jede Etikette aus, als ihn Elisabeth 1873 empfängt. – Männer und Frauen ihrer Zeit schwärmen von der märchenhaften Schönheit Elisabeths, sind aber noch mehr angezogen von ihrer Anmut, Ausstrahlung und der geheimnisvollen Aura, die die Kaiserin umgibt.

Elisabeth gilt als eine der schönsten Frauen ihrer Zeit und ist sich dessen durchaus bewusst. Ihre Schönheitspflege nimmt einen Großteil ihres Tagesablaufes ein. Besonders stolz ist Elisabeth auf ihr dichtes, beinahe wadenlanges Haar, das täglich zwei bis drei Stunden lang frisiert wird. Ihre Friseurin Franziska (Fanny) Feifalik spielt hier eine entscheidende Rolle. Die ehemalige Friseurin des Wiener Burgtheaters ist für die kunstvollen Frisuren verantwortlich, muss während des Frisierens immer weiße Handschuhe tragen, Ringe sind verboten. Nach dem stundenlangen Frisieren, Flechten und Hochstecken müssen die dabei aus-

gefallenen Haare in einer silbernen Schüssel vorge-
zeigt werden, jedes verlorene Haar hat einen vor-
wurfsvollen Blick der Kaiserin zur Folge und
ihre Nichte Marie Larisch bemerkt dazu spöt-
tisch, dass *die Haare auf Tante Sisis Kopf num-
meriert* seien. Die Haare werden alle vierzehn
Tage mit einer extra angefertigten Mixtur aus Eigelb
und Cognac gewaschen, eine Prozedur, die einen
ganzen Tag in Anspruch nimmt. In späteren
Jahren lässt sie sich vermutlich die Haare mit
Indigo und einem Extrakt aus Nussschalen tönen.
Die Frisierstunden nutzt Elisabeth vor allem, um Sprachen
zu lernen. Ungarisch sowie später vor allem Alt- und Neu-
griechisch. Für letzteres hat sie Constantin Christomanos
engagiert: Er liest ihr vor, korrigiert ihre Sprachübungen und
philosophiert mit der Kaiserin. Christomanos beschreibt
diese Frisierstunden in der Hofburg folgendermaßen: *Das
Frisieren dauert immer fast zwei Stunden, sagte sie, und während meine Haare so sehr beschäftigt sind, bleibt mein Geist
träge. Ich fürchte, er geht aus den Haaren hinaus in die Finger
der Friseuse. Deswegen tut mir dann der Kopf so weh.* Die
*Kaiserin saß an einem Tisch, der in der Mitte des Raumes
gerückt und mit einem weißen Tuch bedeckt war, in einen
weißen, mit Spitzen besetzten Frisiermantel gehüllt, mit auf-
gelösten Haaren, die bis zum Boden reichten und ihre Gestalt
vollkommen einwickelten.*

Um ihre viel bewunderte Schönheit zu erhalten, pro-
biert Elisabeth unzählige Schönheitsrezepte aus. Sie hat kein
persönliches Geheimrezept auf das sie schwört, sondern
testet immer wieder etwas Neues. Die Pflegeprodukte werden entweder in der Hofapotheke oder von einer Kammer-
frau direkt in ihrem Appartement für sie angefertigt. Inte-
ressant ist, dass Elisabeth weniger mit ausgefallenen Cremen
experimentiert, sondern viel größeren Wert auf verschie-
denste Waschwasser, Tinkturen und Lotionen legt, von
denen sie sich offenbar größeren Erfolg verspricht. Elisabeth
verwendet meistens eine einfache Toilettecreme, die in der

Oben: Handspiegel der
Kaiserin Elisabeth.

Gegenüberliegende Seite:
Elisabeth im Morgenlicht,
Kopie von E. Riegele nach
dem Original von Franz
Xaver Winterhalter, 1864.
Es gibt nur wenige Maler,
für die sie Modell saß,
dazu zählen die Porträts
von Franz Xaver Winter-
halter, Franz Schrotzberg
und Georg Raab.

DIE FLUCHT

Hofapotheke hergestellt wird. Diese so genannte Crème Céleste wird aus weißem Wachs, Walrat, süßem Mandelöl und Rosenwasser hergestellt. Eine weitere Creme, die (wie kürzlich entdeckte Schönheitsrezepte zeigen) wiederholt für Elisabeth bestellt wird, ist die bei vielen Damen des Hofes geschätzte Coldcreme, die aus Mandelöl, Kakaobutter, Bienenwachs und Rosenwasser hergestellt wird. Sie verdankt ihren Namen dem kühlenden, erfrischenden Effekt, den sie auf der Haut hat: Da die Wasser-Öl-Emulsion instabil ist und auf der Haut leicht bricht, verdunstet das Wasser schneller und die Creme wirkt angenehm kühlend. Bei Gesichtswassern verwendet Elisabeth vor allem Rosen-Gesichtswasser, das die Haut vor Entzündungen und Unreinheiten schützen soll. Außerdem probiert die Kaiserin Kamillen-Rosen-, Lavendel- sowie natürlich Veilchen-Lotionen. Elisabeth schwört aber auch auf ausgefallene Methoden wie Masken aus zerdrückten Erdbeeren oder rohem Kalbfleisch, mit dem sie Ledergesichtsmasken auslegt die sie dann über Nacht trägt. Im Gegensatz zu anderen Frauen ihrer Zeit lehnt Elisabeth starke Schminke oder Parfum strikt ab. Sie legt großen Wert auf Natürlichkeit und nur ihre Haarpracht wird mit Duftessenzen besprüht.

Wesentlich mehr Zeit als der Gesichtspflege widmet Elisabeth ihrer Körperpflege. Sie badet täglich, wobei sich Dampf- mit Ölbädern und dann wieder kalten Bädern abwechseln. Besonders gerne nimmt Elisabeth warme Olivenölbäder, die die Haut zart und geschmeidig halten sollen. Nachts schläft sie oft mit in Toiletteessig getränkten Tüchern oberhalb der Hüfte, um ihre Schlank-

Oben: Schönheitsrezepte der Kaiserin Elisabeth.

Unten: Parfumflakon der Kaiserin Elisabeth.

Gegenüberliegende Seite: Elisabeth vor dem Abendhimmel; Gemälde von Franz Xaver Winterhalter, 1864.

heit zu bewahren. Ihr Lieblingsessig ist Veilchenessig, der aus frisch gepflückten Veilchenblüten, Apfelessig, destilliertem Wasser sowie Veilchenpulver angefertigt wird: *Die Veilchenblüten in eine bauchige Flasche schichten, den Apfelessig übergießen. Fest verschließen und zwei Tage ziehen lassen. Danach durch ein Haarsieb filtrieren und die Blüten mit einem Holzlöffel auspressen. Etwas von dem destillierten Wasser wegnehmen und darin das Veilchenwurzelpulver glatt anrühren. Zu dem destillierten Wasser gießen und alles miteinander kräftig schütteln.* Außerdem schläft Elisabeth ohne Kopfpolster – wohl um ihre aufrechte Haltung zu bewahren – und umwickelt angeblich ihren Hals mit in Kummerfeldsches tonisierendes Waschwasser getränkten Tüchern.

Ihr Schönheitskult wird zur Lebensaufgabe und nimmt Ausmaße an, zu denen sich ihre Nichte Marie Larisch allerdings kritisch äußert: *Sie betete ihre Schönheit an wie ein Heide seinen Götzen und lag vor ihr auf den Knien. Der*

Oben: Kaiserin Elisabeth mit blauem Band; Franz Schrotzberg, 1862.

Unten: Der Toilettetisch der Kaiserin in der Wiener Hofburg.

Schwarzes Armband der Kaiserin Elisabeth. Die schlichte filigrane Arbeit stammt aus der Zeit um 1880/1890 und zeigt eine antikisierende Gemme mit der Darstellung einer Bacchantin. Elisabeth ist keine große Schmuckliebhaberin und trägt nur zu großen repräsentativen Anlässen wertvolle Schmuckstücke. Um beim Reiten nicht beeinträchtigt zu sein, legt sie alle Ringe ab, sogar ihren Ehering trägt sie an einer kleinen Kette an ihrem Hals. Sie verwendet auch niemals Ohrringe, der einzige Schmuck sind zumeist einfache Armbänder. Dieses Armband hat sie vermutlich auf einer ihrer Reisen erworben und in der Familie weitergeschenkt.

Anblick der Vollkommenheit ihres Körpers bereitete ihr einen ästhetischen Genuß; alles was diese Vollkommenheit trübte, war ihr unkünstlerisch und zuwider.

Links: Das Zahnhygieneset des Zahnarztes der Kaiserin.

Einziger Makel sind ihrer Meinung nach ihre Zähne, die sie stets zu verbergen sucht, indem sie den Mund beim Sprechen kaum öffnet, was eine Unterhaltung oft einigermaßen schwierig gestaltet. Elisabeth hat aber nicht wie oft behauptet auf Grund mangelnder Pflege schlechte Zähne. Im Gegenteil, neue Quellen belegen den engen Kontakt zu ihrem Zahnarzt. Elisabeth legt demnach großen Wert auf Zahnpflege und ruft ihren Zahnarzt Regierungsrat Raimund Günther von Kronmyrth auch regelmäßig zu sich. Ironischerweise setzte Rosa Albach Retty, Romy Schneiders Großmutter, das Gerücht in die Welt, sie hätte eines nachmittags eine schwarz gekleidete schlanke Frau, die sie sofort als Kaiserin Elisabeth erkannt hätte, in der Konditorei Zauner in Bad Ischl gesehen, die verstohlen ihr künstliches Gebiss in einem Wasserglas reinigte. Historische Quellen und Fakten widerlegen dieses Bild jedoch ganz eindeutig. So sind im Obduktionsbefund der Kaiserin die guten Zähne der Kaiserin *(bonne dentation)* hervorgehoben und auch die oben erwähnte Korrespondenz zwischen der Kaiserin und ihrem Zahnarzt zeichnen ein ganz anderes Bild. Da Elisabeth größten Wert auf ihr perfektes äußeres Erscheinungsbild legt und versucht, jeden kleinsten

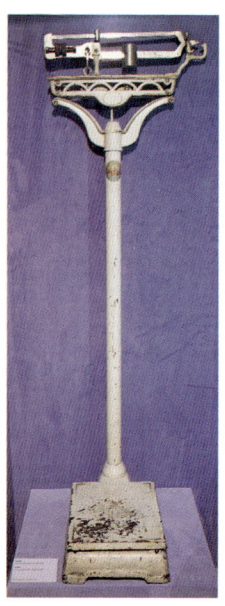

Waage aus der Hofburg.

Makel so gut wie möglich zu kaschieren, ist es gut vorstell-bar, dass Elisabeth auf diese Weise nicht ihre schlechten, sondern eben die ihrer Meinung nach nicht makellosen Zäh-ne verbergen will. (Leise und undeutlich sprach sie schon als junges Mädchen, was damals jedoch an ihrer Schüchternheit lag.) Ein Grund für möglicherweise nicht perlenweiße Zäh-ne mag auch darin liegen, dass Elisabeth raucht und als Fol-ge des Konsums filterloser Zigaretten verfärbte Zähne hat.

Besonderen Wert legt Elisabeth auf ihre schlanke Linie. Sie war 172 Zentimeter groß und wog zwischen 45 und 47 Kilo. Bewundernswert auch ihre unglaubliche Taille von 51 Zentimeter Umfang, wobei man aber nicht vergessen darf, dass Frauen zu der Zeit von Jugend an geschnürt wurden und Korsett trugen, was den Körper natürlich ver-änderte. Um schlank zu bleiben, treibt sie täglich Sport. Neben Reiten zählen Fechten und Schwimmen zu ihren bevorzugten Sportarten. Für ihr tägliches Turnprogramm lässt sie sich in der Hofburg in ihrem Toilettezimmer Turn-geräte – eine Sprossenwand, ein Reck und zwischen den Türen Ringe – installieren. Hier trainiert sie täglich eine Stunde, um fit und beweglich zu

Menu vom 9. Juni 1867
(Budapest)
Suppe mit Truthahnnockerl
Geflügel in Aspik mit russischem Salat
Kleine Pasteten nach Palestina-Art
Tafelstück vom Rind nach Kaiserart
Halbgefrorener Ananaspunsch
Sautiertes Rehfilet mit Puree nach Jägerart
Grüne Fisolen natur garniert mit Kalbshirn nach Villeroy
Junge Poularden vom Spieß
Gemischter Salat
Plumpudding auf französische Art
Gemischtes Kompott mit Zwetschken aus Bordeaux
Liptauer Käse
Gefrorenes von Erdbeeren und Orangen
Obst
Bäckerei

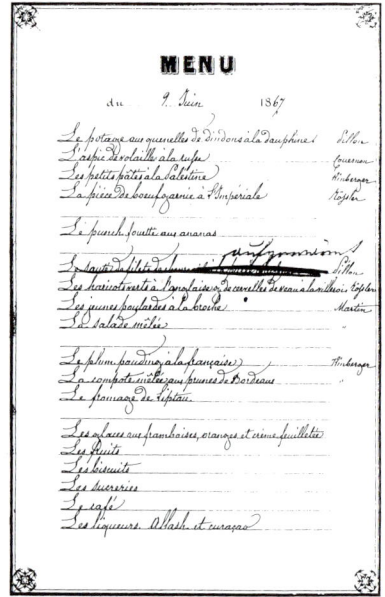

bleiben. Constantin Christomanos schreibt 1892 in sein Tagebuch: *Sie ließ mich heute vor dem Ausfahren in den Salon rufen. An der offenen Tür zwischen dem Salon und ihrem Boudoir waren Seile, Turn- und Hängeapparate angebracht. Ich traf sie gerade, wie sie sich an den Handringen erhob. Sie trug ein schwarzes Seidenkleid mit langer Schleppe von herrlichen Straußfedern umsäumt. Ich hatte sie noch nie so pompös gekleidet gesehen. Auf den Stricken hängend, machte sie einen phantastischen Eindruck wie ein Wesen zwischen Schlange und Vogel. Um sich niederzulassen, mußte sie über ein niedrig aufgespanntes Seil hinwegspringen. Dieses Seil ist dazu da, damit ich das Springen nicht verlerne. Mein Vater war ein großer Jäger vor dem Herrn, und er wollte, daß wir wie die Gemsen springen lernten … Wenn die Erzherzoginnen wüssten, daß ich in diesem Kleid geturnt habe, würden sie erstarren. Aber ich habe dies nur en passant getan, sonst erledige ich diese Sache immer in der Früh oder abends.*

Nachdem Elisabeth ab Anfang der 1880er Jahre das Reiten aufgibt, kompensiert sie ihren Bewegungsdrang mit stundenlangen Gewaltmärschen bei Hitze ebenso wie bei Wind und Wetter. Die Touren dauern bis zu neun Stunden und stellen nicht nur die Hofdamen, die in der Zeit bereits auf ihre Marschfähigkeit getestet werden, bevor sie eingestellt werden, auf eine harte Probe. Auch ortskundige Führer erzwingen nicht selten nach einigen Stunden

Oben: Das Toilette- und Turnzimmer der Kaiserin Elisabeth in ihrem Appartement in der Wiener Hofburg.

Unten: Rosa gebratenes Lammfilet mit Gemüse und Erdäpfeln, angerichtet auf einer Bratenschüssel aus dem Seereiseservice der Kaiserin.

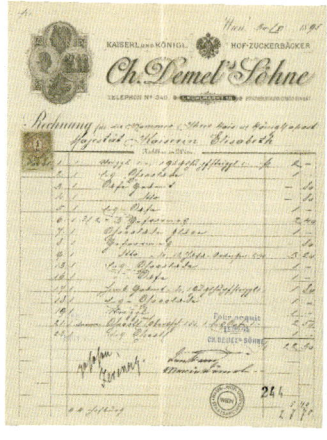

erschöpft aufgrund »plötzlicher Unkenntnis der Gegend« eine Umkehr. Zusätzlich pro-biert Elisabeth die ver-schiedensten Diäten, um ihr Gewicht zu halten. Dabei spielt die Waage eine entscheidende Rolle: Elisabeth wiegt sich täg-lich und trägt nicht nur ihr Gewicht sondern auch ihr sportliches Tagesprogramm in ein Büchlein ein. Mit zunehmendem Alter probiert sie immer exzessivere Diäten. Dazu gehören abgesehen von Fasttagen auch Tage, an denen sie nur Milch trinkt beziehungsweise Orangen oder Fleischbrühe isst. Übertrieben sind allerdings die Gerüchte, Elisabeth hätte sich von rohem Fleischsaft ernährt: Es wird zwar täglich ein roher Kalbsschlögel in die Kammer der Kaiserin geliefert, doch von ihm wird – nachdem er in Stücke geschnitten und mit einer Entenpresse ausgepresst ist – ein Extrakt abge-

kocht, den Elisabeth trinkt. Ebenfalls ins Reich der Legen-den muss verwiesen werden, dass Elisabeth ständig hungert, um schlank zu bleiben. Rech-nungen aus den verschiedens-ten Konditoreien zeigen, dass Elisabeth gerne Mehlspeisen und vor allem Eis isst. Origina-le Speisezettel zeigen außerdem, dass Elisabeth sehr wohl einen guten Appetit besitzt: Ein gewöhnliches Frühstück besteht aus Kaffee mit kaltem und war-mem Obers, süßen und gesalzenen Bäckereien, Eiern, kaltem Fleisch, Honig, Obst und verschiedenem Gebäck. Dazu trinkt sie ein Glas Wein.

Besonders wichtig sind ihr frische Milch und Milchprodukte. Zu diesem Zweck richtet sie 1895 im Schönbrunner Schlosspark sogar eine eigene kleine Meierei ein, von wo sie täglich ihre frische Milch geliefert bekommt. Auf Reisen – selbst auf Seereisen – nimmt sie Ziegen mit, um täglich frische Milch zu bekommen. Nicht ohne eine gewisse Selbstironie erklärt sie Christomanos, der sie auch auf vielen Reisen begleitet, über eine mitgereiste Ziege: *Sie macht die Reise ohne jede Begeisterung für das Schöne. Aber sie hat Pflichtgefühl, denn sie ist eine Engländerin ... Es gibt keine besseren Nurses als die Engländerinnen.* Eine besondere Schwäche hat Elisabeth für französische Austern, die sie bei jeder Gelegenheit auf ihren Reisen, von Asti spumante begleitet, isst. Fixpunkt eines jeden Diners, das zumeist aus Braten mit Gemüse besteht, ist als Nachspeise Eis oder besser gesagt Sorbet, da es ohne Obers oder Milch zubereitet wird. Elisabeths Lieblingsgefrorenes ist Veilcheneis. Dazu wird eine Hand voll Veilchenblätter in einem Mörser zerstossen, dann etwas warmes Wasser und Zucker hinzugefügt, bevor man die Masse nach einer Stunde gefrieren lässt.

Zwei Faktoren mögen dazu beigetragen haben, dass sich allerlei Gerüchte um den Schlankheitswahn der Kaiserin ranken. Einerseits versucht Elisabeth nie einem gängigen Schönheitsideal nachzueifern. Eine »schöne« Frau war damals wesentlich runder und voller. Das Schönheitsideal dieser Zeit ist auf Photos von Katharina Schratt, der späteren Gefährtin Franz Josephs, oder Mary Vetseras, der Geliebten des Kronprinzen Rudolf, die mit ihm in den Tod ging, zu sehen. Elisabeth galt schon alleine deshalb in den Augen ihrer Umgebung als mager, was jedoch in Relation zu den damaligen Vorstellungen von »mager« und »gesund« gesetzt werden muss. Veranlagung mag eine wichtige Rolle gespielt haben, auch ihre Geschwister sind sehr schlank und hoch gewachsen. Andererseits hat Elisabeth eigene Essensgewohnheiten.

Oben: Entenpresse der Kaiserin.

Unten: Menükarte anlässlich der Vermählung von Erzherzogin Marie Valerie und Erzherzog Franz Salvator am 31. Juli 1890 in Bad Ischl.

Sie isst ein ausgiebiges Frühstück, ein Mittagessen, oft eine kleine Jause und eine letzte kleine Mahlzeit zwischen fünf und sechs Uhr nachmittags. Sie hat die Erfahrung gemacht, dass sie ausgiebige späte Mahlzeiten nicht verträgt oder dass sie davon zunimmt, weshalb sie nach sechs Uhr abends nichts mehr essen will. Auch aus diesem Grund versucht sie sooft wie möglich den allabendlichen Familiendiners fern zu bleiben. Lässt es sich nicht vermeiden, daran teilzunehmen, isst sie betont wenig und trägt damit zu Gerüchten bei, sie würde gar nicht essen.

DAS SCHÖNHEITENALBUM

Elisabeths Schönheitskult betrifft aber nicht nur sie selbst – sie ist in jeder Hinsicht von Schönheit fasziniert und legt sich ein Schönheitenalbum an: Sie sammelt Photographien von in ihren Augen schönen Frauen, von Hofdamen, europäische Fürstinnen, aber auch von Damen aus der so genannten Halbwelt wie Tänzerinnen und Zirkusartistinnen. Elisabeth ist mehr von Ausstrahlung und natürlichen oder außergewöhnlichen Gesichtern fasziniert, nicht von Schönheit im klassischen Sinn – und vor allem ist ihre Faszination unabhängig von Stand oder sozialer Herkunft.

Kaiserin Eugénie. Die Kaiserin der Franzosen galt als europäische Konkurrentin Elisabeths in Sachen Schönheit. Graf Wilczek erzählte, dass er bei einem Treffen der Kaiserpaare in Salzburg die beiden Kaiserinnen zufällig beobachtet hätte: *Ich öffnete ganz still die Türe und mußte durch zwei leere Zimmer des Appartements gehen, sogar durch das Schlafzimmer bis zum Toilettenkabinett, dessen Türe halb offen stand. Ihr gegenüber befand sich ein großer Spiegel, und mit dem Rücken gegen die Tür gewendet, hinter welcher ich stand, waren die beiden Kaiserinnen damit beschäftigt, sich mit zwei Zentimetermaßen die schönsten Wadenbeine, die damals wohl in ganz Europa zu finden waren, abzumessen. Der Anblick war unbeschreiblich und ich werde ihn mein Leben nicht vergessen.* Die Nichte Elisabeths, Marie Larisch, widersprach allerdings diesem Gerücht und tat die Beschreibung als Wichtigtuerei ab. Ihrer Erinnerung nach hätte es keinen amikalen Umgang der beiden gegeben.

Aus Kaiserin Elisabeths Schönheiten-
album: Von oben links im Uhrzeigersinn:
Madame Duz-Oglu aus
Konstantinopel, Caroline »Lilly«
Hunyady, Hofdame Elisabeths, die
Varietékünstlerin Mademoiselle Léonie
aus Paris und eine unbekannte Tänzerin.

Gegenüberliegende Seite:
Kaiserin Elisabeth am
Fenster des Ateliers Albert
in München, 1865.

Links oben: Elisabeth als
Königin von Ungarn;
Emil Rabending, 1866.

Rechts oben: Elisabeth vor
1860.

Unten: Photographie von
Emil Rabending,
1865/66.

Die Photographien auf diesen beiden Seiten zählen zu
den wenigen authentischen Bildern der Kaiserin. Die
meisten der später entstandenen stellen Photomontagen dar.

WANDERKLEIDUNG STATT HAUTE COUTURE

Elisabeth ist sich zwar ihrer modischen Verpflichtung als Kaiserin bewusst und betrachtet es als ihre Aufgabe, sich gut zu kleiden, dennoch ist es ihr nicht wichtig, nach der letzten Mode gekleidet zu sein. Elisabeth legt großen Wert darauf, elegante Figur zu machen und ihre schlanke Linie zu betonen, dennoch muss ihr die Kleidung möglichst viel Bewegungsfreiheit lassen und bequem sein. Vor allem Reitkleider spielen eine wichtige Rolle: Elisabeth verbringt viele Stunden beim Anprobieren und ist nur schwer zufrieden zu stellen. Sie hat eigens zu diesem Zweck vor einem großen Spiegel ein gesatteltes Holzpferd aufstellen lassen, auf dem sie die Kleider hinsichtlich Schnitt und Wurf studiert.

Die Kleider werden der Kaiserin nicht nur auf den Leib geschneidert, sie lässt sich auch in ihre Kleider einnähen, eine Prozedur, die bis zu einer Stunde dauern kann. Auf Reisen trägt sie gerne Kostüme aus robusten Wollstoffen, deren Röcke durch Hinaufknöpfen gekürzt werden können, um beim Gehen nicht hinderlich zu sein. Aus diesem Grund trägt sie auch keine Unterröcke, sondern enge Beinkleider – im Sommer aus Seidentrikot und im Winter aus feinstem Rehleder. Auffallend sind vor allem ihre Schuhe – als erste »Dame« trägt sie keine Seidenstiefeletten mit Absatz, sondern bequeme, flache Lederschuhe, meist knöchelhohe Schnürstiefel, mit denen sie ihre ausgedehnten Spaziergänge und Wanderungen – auch bei schlechtem Wetter – machen kann.

Gegenüberliegende Seite oben: Cremefarbenes Kleid der Kaiserin. Das Kleid stammt vermutlich aus dem Jahr 1889 und war das einzige »lichte« Kleid, das Elisabeth nach dem Selbstmord ihres Sohnes zu besonderen Anlässen wie dem Geburtstag des Kaisers sowie dem Jahrestag der Verlobung ihrer Tochter Marie Valerie trug.

Gegenüberliegende Seite unten: Braunes Spitzenschultertuch der Kaiserin.

Oben: Elisabeth im weißen Kleid, um 1863.

Rechts: Morgenmantel der Kaiserin.

Unten: Handschuhe mit Handschuhkasten, Prunkfächer im Rokokostil und bestickte Hauspantoffel der Kaiserin.

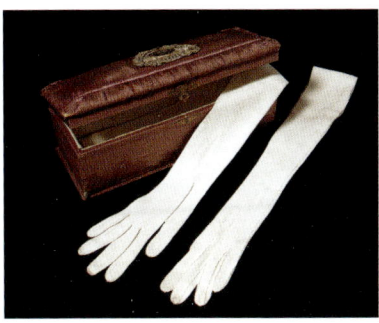

FLUCHT VOR FREMDEN BLICKEN

Um als junge schöne Frau in die Geschichte einzugehen, lässt sich Elisabeth ab Anfang dreißig nicht mehr photographieren, die letzten Gemälde nach Modell entstehen 1879, als sie 42 Jahre alt ist. Fächer, Schleier und Sonnenschirme werden zu unverzichtbaren Begleitern der Kaiserin. Sie verabscheut es, angegafft zu werden und verbirgt fortan ihr Gesicht vor fremden Blicken.

Elisabeth hat panische Angst vor dem Altern und vertraut sich Marie Larisch an: *O, wie entsetzlich ist es, alt zu werden! Zu fühlen, wie die Zeit die Hand auf unseren Körper legt, zu beobachten, wie die Haut runzlig wird, am Morgen mit Furcht vor dem Tageslicht zu erwachen und zu wissen, daß man nicht mehr begehrt wird.*

Diese Zeilen verraten, dass Elisabeth ihr Selbstwertgefühl offensichtlich zu einem Gutteil aus ihrer Schönheit bezieht. Als sie ihre Schönheit schwinden sieht, fühlt sie sich als Frau nicht mehr begehrt, nutzlos und verfällt in depressive Stimmungen. Schirme und Fächer sollen aber nicht nur ihre ihrer Meinung nach entschwundene Schönheit verbergen, sondern werden immer mehr auch zu einer symbolischen Barriere zwischen sich und ihrer Umwelt. Ihr griechischer Vorleser Constantin Christomanos schreibt 1892 in sein Tagebuch: *Ich blickte da wieder zu jenem Schirm und jenem Fächer auf – dem berühmten schwarzen Fächer und dem allbekannten weißen Schirm –*

Posthumes Portrait der Kaiserin von Anton Kaulbach. Er malte Elisabeth mit dem oft zitierten mit Leder gefütterten weißen Sonnenschirm sowie dem Lederfächer, ohne die Elisabeth nie ausging.

treuen Begleitern ihrer äußeren Existenz, die fast
zu Bestandteilen ihrer körperlichen Erscheinung
geworden. In ihrer Hand sind sie nicht das, was sie
den anderen Frauen bedeuten, sondern nur Embleme,
Waffen und Schilde im Dienste ihres wahren Wesens
… nur das äußerliche Leben der Menschen als solches will
sie damit abwehren …

Wenn mich jemals die Zeit berührt,
werde ich mich verschleiern,
und die Leute werden von mir sprechen
als von der Frau, die einst war.

Es tritt die Galle mir fast aus,
Wenn sie mich so fixieren,
Ich kröch' gern ins Schneckenhaus
Und könnt' vor Wut krepieren.

An die Gaffer, 1887

Von oben nach unten:
schwarzer Spitzenschirm
der Kaiserin, schwarzer
Radfächer, der auch als
Sonnenschirm verwendet
werden konnte, sowie ein
schwarzer Spitzenfächer
der Kaiserin.

»Dame in Schwarz«.
Eine Inszenierung von
Rolf Langenfass im
Sisi Museum.

Ich wandle einsam hin auf dieser Erde,
der Lust, dem Leben längst schon abgewandt,
es theilt mein Seelenleben kein Gefährte.
Die Seele gab es nie, die mich verstand.

An die Zukunfts-Seelen, 1887

DAME IN SCHWARZ

Nach dem tragischen Selbstmord ihres einzigen Sohnes Rudolf im Jahr 1889 wird Elisabeth immer verbitterter, zieht sich immer mehr in sich zurück, wird menschenscheu und unnahbar. Sie trägt ab jetzt ausschließlich Schwarz und die meisten erleben Elisabeth nur noch als schwarze Silhouette in der Ferne.

Ihren letzten offiziellen Auftritt absolviert sie im Jahr 1896 anlässlich der Millenniumsfeiern in Budapest. Kalman Mikszáth, der beim Empfang in der Budapester Burg anwesend ist, schildert seine Eindrücke: *Dort sitzt sie im Thronsaal der königlichen Burg in ihrem schwarzen, mit Spitzen durchwirkten ungarischen Gewand. Alles, alles an ihr ist düster. Von dem dunklen Haar wallt ein schwarzer Schleier herab. Haarnadeln schwarz, Perlen schwarz, alles schwarz, nur das Antlitz marmorweiß und unsagbar traurig ... Eine Mater dolorosa ... Sie ist es noch, doch der Kummer hat seine Spuren in dieses Antlitz eingegraben...Keine einzige Bewegung, kein einziger Blick verrät Interesse. Einer marmorbleichen Statue gleicht sie ...*

REFUGIEN

Elisabeth hat mit der Zeit gelernt, sich am Hof durchzusetzen und führt ein Leben, das ihren Vorstellungen entspricht. Sie tut nun ausschließlich, was sie tun will und verweigert immer öfter die Rolle der Kaiserin. Franz Joseph und Elisabeth haben sich entfremdet, Elisabeth fühlt sich außerstande, ihm zur Seite zu stehen und sieht vor allem ihre eigenen Interessen im Vordergrund. Elisabeth weigert sich, die vom Hof auferlegten, traditionellen Pflichten als Frau, Mutter und Kaiserin zu erfüllen, sucht sich aber keine andere Aufgabe – ihre Hofdame Gräfin Festetics macht sich darüber Sorgen und schreibt: *Sie ist eine Schwärmerin, und ihre Hauptbeschäftigung ist Grübeln.*

Um sich abzulenken, unternimmt Elisabeth ausgedehnte Reisen und sucht sich Refugien – Orte, an denen sie frei leben kann. Dazu gehört das ungarische Schloss Gödöllő bei Budapest, die Hermesvilla im Lainzer Tiergarten in Wien sowie schließlich das Achilleion auf der griechischen Insel Korfu.

Schloss Gödöllő bei Budapest, Ungarn. Das ehemalige Schloss Grassalkovich wurde dem Königspaar anlässlich der Königskrönung 1867 von der ungarischen Nation geschenkt.

In Ungarn fühlt sie sich besonders wohl, auch ihr engstes privates Umfeld ist mit Ida Ferenczy, Marie Festetics und später Irma Sztáray ungarisch geprägt. Ungarisch ist ihre Lieblingssprache und sie unterhält sich mit ihren Hofdamen ausschließlich in dieser Sprache. Elisabeth hält sich regelmäßig in Ungarn auf, vor allem in Gödöllő, wo sie sich privat und ungezwungen fühlt.

Korfu ist ein idealer Aufenthalt, Klima, Spaziergänge im endlosen Olivenschatten, gute Fahrwege und die herrliche Meeresluft ..., schreibt sie 1888 an Franz Joseph und betrachtet diesen landschaftlich reizvollen und abgeschiedenen Platz als ihre künftige Heimat. Sie lässt sich eine, nach ihrem Lieblingshelden Achilleus aus der griechischen Mythologie benannte, prächtige – und äußerst kostspielige – Villa in pompejianischem Stil erbauen und richtet das Haus mit wertvollen Antiken ein. Sie nennt es ... *mein Asyl, wo ich ganz mir angehören darf* ... Doch schon kurze Zeit später verliert die rastlose Kaiserin das Interesse am Achilleion, fühlt sich damit belastet und davon eingeengt und will es zum Verkauf anbieten, wozu es aber erst nach ihrem Tod kommt. Das quälende Gefühl der Unruhe treibt sie fort. Hinter vorgehaltener Hand wird sie für ihre Extravaganzen und Exaltiertheit immer häufiger kritisiert, doch Franz Joseph unterstützt seine über alles geliebte Frau wo er kann,

Villa Hermes im Lainzer Tiergarten, Wien. Die 1883 von Carl Hasenauer fertig gestellte Hermesvilla inmitten des Lainzer Tiergartens war ein Geschenk Kaiser Franz Josephs an Elisabeth, mit dem er hoffte, die Kaiserin mehr an Wien zu binden.

… mein Asyl, wo ich ganz mir angehören darf …
Elisabeth über das Achilleion

auch wenn das bedeutet, dass er sie immer seltener an seiner Seite hat. Einige Male im Jahr treffen sie einander und verbringen zusammen ein paar Tage, den Rest des Jahres ist Franz Joseph auf Briefe seiner Frau mit genauen Reiseberichten angewiesen und lebt in ständiger Angst um sie.

Tafelservice und Silberbesteck aus dem Achilleion. Irma Stáray schrieb dazu: *Die Mahlzeiten auf dem Achilleion waren in der Tat prächtig. Die herrlichsten Gerichte verdankten wir dem Meere, an das auch alle Bestandteile der Tafel insoferne erinnerten, als das Silber, Porzellan, Glas und Linnenzeug unter der kaiserlichen Krone einen Delphin zeigte. Dies gehört zum Stile des Achilleion, wo fast auf jedem Gegenstand und Ornament der Delphin zu sehen war.*

Unten: Schmuckschatulle aus dem Achilleion.

Gegenüberliegende Seite oben:
Achilleion: Elisabeths Hofdame Irma Sztáray berichtet: *Das Peristyl ist der stumme Zeuge der einsamen Spaziergänge der Kaiserin. Hier stört sie niemand; hier wagt sich niemand her, ohne gerufen zu sein …* Besonders beeindruckt ist sie aber von der abendlichen Beleuchtung, die vor allem bei Vollmond märchenhaft schön ist: *… nicht nur das Peristyl schwamm in einem Lichtermeere, die Bogenlampen leuchteten auch ahnungsvoll hinab auf die Terrassen, die sich unter dem Garten stufenweise dahinziehen. Mir war, als geriete ich in eine geheimnisvolle Märchenwelt …*

Gegenüberliegende Seite unten:
Villa Achilleion auf Korfu, Griechenland. Architekt der 1891/92 fertig gestellten Villa war der Neapolitaner Raffaele Carito.

TITANIA

Ich eil' ins Reich der Träume,
Mein Meister, da bist Du,
Es jubelt meine Seele
Begeistert schon Dir zu!
An meinen Meister, 1887

Elisabeth, die seit ihrer Jugend dichtet, flüchtet sich immer mehr in schwärmerische Poesie. Sie liebt Homer und schreibt, inspiriert von ihrem großen Idol Heinrich Heine, zahlreiche Gedichte, die von ihrer Enttäuschung, ihrer Schwermut und ihren Sehnsüchten, aber auch von Menschenverachtung und zunehmender Isolation geprägt sind.

Oben: Poetisches Tagebuch der Kaiserin.

Unten: Heinrich Heine; Gemälde von Gottlieb Gassen.

Nicht soll Titania unter Menschen gehen
In diese Welt, wo niemand sie versteht,
Wo hunderttausend Gaffer sie umstehen,
Neugierig flüsternd: »Seht, die Närrin, seht!'«
Wo Mißgunst neidisch pflegt ihr nachzuspähen,
Die jede ihrer Handlungen verdreht,
Sie kehre heim in jene Regionen,
Wo ihr verwandte schön're Seelen wohnen.
An Titania, 1888

Constantin Christomanos verewigte in seinen Memoiren die Erinnerungen an die Lesestunden mit der Kaiserin, bei denen Heine allgegenwärtig war: *Als wir über Leben und Weltsysteme sprachen, begann sie mit einer Stimme wie flüssige*

Ironie zu deklamieren … – es folgt das 58. Gedicht des Heimkehr-Zyklus aus Heines »Buch der Lieder«. Elisabeths Verehrung für den 1856 verstorbenen Dichter ist auch als Zeichen ihrer geistigen Unabhängigkeit und Selbständigkeit zu verstehen. Heine ist zu der Zeit bei weitem kein anerkannter Dichter, aber gerade seine realistische Zeitkritik und Ironie, die einen europäischen Skandal auslösten, ziehen sie an. Außerdem macht ihn allein die Tatsache, dass auch er als Außenseiter betrachtet wird, sympathisch.

Elisabeth beginnt sich auch mit der Feenkönigin Titania aus Shakespeares »Sommer-nachtstraum« zu identifizieren. Franz Joseph kann zwar mit den »Wolken-

Oben: An diesem Schreib-tisch in ihrem Wohn- und Schlafzimmer in der Hof-burg verfasste Kaiserin Elisabeth viele ihrer Gedichte.

Links: Schreibgarnitur der Kaiserin aus vergoldetem Silber und Lapislazuli.

»Titania« aus »Ein Sommernachtstraum«; erster Entwurf zum Vorhang des Wiener Stadttheaters von Hans Makart.

kraxeleien« seiner Frau nichts anfangen, um ihr aber eine Freude zu machen, lässt er ihr Schlafzimmer in der Hermesvilla im Lainzer Tiergarten in Wien, das sie »Titanias Zauberschloss« nennt, mit Szenen aus dem »Sommernachtstraum« ausmalen.

AUF REISEN

Elisabeths Fernweh wird stärker – je weiter sie von Wien weg ist, desto wohler fühlt sie sich. Unter dem Vorwand ihrer angegriffenen Gesundheit unternimmt die Kaiserin ausgedehnte Reisen, will fremde Länder und Kulturen kennen lernen. Aber nicht nur das, vor allem genießt sie das unbeschwerte Leben ohne Verpflichtungen oder Einschränkungen und dass sie tun kann, was ihr beliebt. Sie weigert sich zwar, die Rolle der Kaiserin von Österreich zu spielen, nimmt aber die damit verbundenen – vor allem finanziellen – Annehmlichkeiten selbstverständlich in Anspruch.

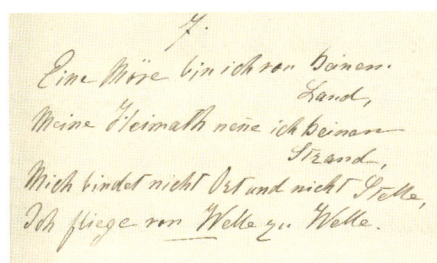

Eine Möve bin ich von keinem Land,
Meine Heimat nenne ich keinen Strand,
Mich bindet nicht Ort und nicht Stelle;
Ich fliege von Welle zu Welle.

Nordsee Lieder 7, 1880

Das bisher unbekannte Tagebuch ihres Leiblakais Leopold Alram erzählt von sorglosen Tagen an der Côte d'Azur, die vor allem von Konditoreibesuchen und Einkäufen sowie Besuchen auf den Yachten reicher Amerikaner oder des europäischen Geldadels wie etwa der Rothschilds geprägt sind: *Am 19. März abermals mit Ihrer Majestät u Frau Gräfin Mikes [Hofdame Elisabeths] nach Nizza gefahren; in Nizza bei Contiteur Rumpelmayer die Maj. u. Frau Gräfin gefrühstückt, Geschäfte besucht … Am 30. März früh Fahrt per Bahn mit Ihrer Maj. u. Frau Gräfin nach Cannes, dortselbst bei Contiteur Rumpelmayer Frühstück genommen, dann Geschäfte besucht … Bei dieser Partie wurde mir die hohe Ehre zu theil Ihrer Majestät die Schuh auszuziehen zu dürfen, die hohe Frau hat*

Links: Kaiserin Elisabeth an Bord eines Schiffes. Das Aquarell wurde auf Wunsch Marie Valeries von Leopoldine Ruckgaber nach einer Photographie geschaffen.

Unten: Das Tagebuch des Leopold Alram, 1893–1896 Leiblakai Kaiserin Elisabeths.

Als sie
Abschied nahm!

Die Abreise der Kaiserin von Oesterreich.

Erinnerung

16. XII. 1898.

Mamia Vosseler

Oben: Elisabeth auf der Abreise; Gedenkpostkarte, 1898.

Unten der Salon des Hofsalonwagens, gegenüber oben die technischen Grund-
risspläne, gegenüber unten das Schlafabteil der Kaiserin.

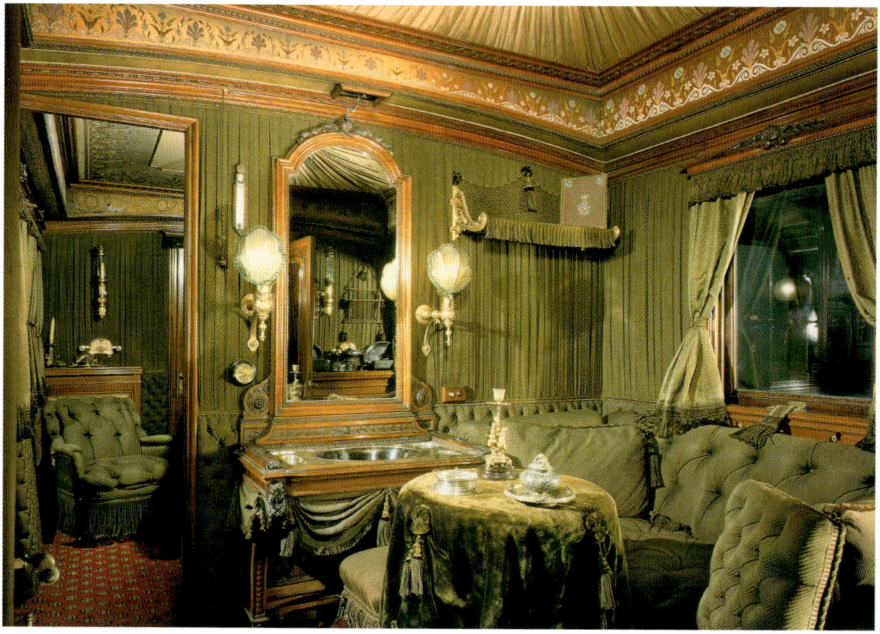

Der Hofsalonwagen der Kaiserin. So anspruchslos Elisabeth während ihrer Schiffsreisen ist, so luxuriös wird der 1873 eigens für sie erbaute Hofsalonwagen ausgestattet, mit dem sie ganz Europa bereist. Der aus einem Salon- und einem Schlafwagon bestehende Hofsalonwagen verfügt über elektrische Beleuchtung, eine Dampfheizung sowie eine Toilette für die Kaiserin. Das Original befindet sich im Technischen Museum Wien, eine originalgetreue Rekonstruktion des Salonwagens im Sisi Museum.

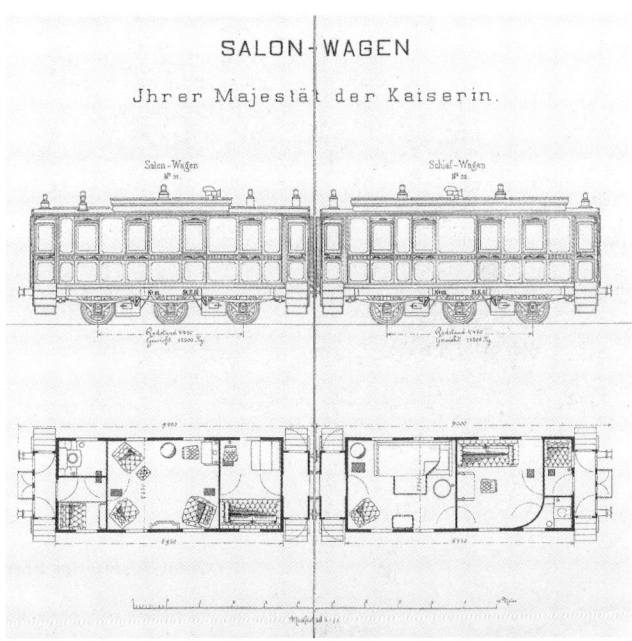

SALON-WAGEN

Ihrer Majestät der Kaiserin.

Salon-Wagen N° 31

Schlaf-Wagen N° 32

nähmlich die Schuh gewechselt, die Frau Gräfin hat diese Arbeit nicht bewerkstelligen können so hat man mich zugezogen, es ist gut gegangen weil ich doch in der Beziehung Fachmann bin. Nach gelungener Beendigung hat

Oben: An Deck der Yacht Miramar; im Hintergrund mit dem Sonnenschirm Kaiserin Elisabeth; Photographie von Erzherzog Franz Salvator, 1894.

Unten: Reiseservice der Kaiserin Elisabeth; Mayerhofer & Klinkosch.

mich Ihrer Maj. gefragt ob ich schon öfters Damenschuh ausgezogen hab, auf meine verneinende Antwort sagte Sie: dann staune ich das Sie's so gut getroffen haben ich dank Ihnen vielmals.

Und einige Tage später: *Mit Ihrer Majestät, Frau Gfin Trany, Frau Gfin Mikes u. Frl. Schmidt mit Zug 9h30 von Menton nach Nizza gefahren, im Hafen zu Nizza das dortselbst vor Anker liegente Schiff des reichen Amerikaner Panterbil* [vermutlich ist damit der amerikanische Industrielle Frederick William Vanderbilt gemeint] *mit Name Valiant dann das Rothschildsche Schiff (Eros) besichtigt. Valiant soll 2 Millionen Gulden gekostet haben ein Veenpalast von einem Schiff… hernach bei Contitor Rumpelmayer Jause genohmen …*

Je länger die Reisen andauern, desto besserer Stimmung ist die Kaiserin. Sie liebt es aber nicht nur mondän, sondern zwischendurch auch ganz einfach. Auf ihren Wanderungen kehrt sie gerne in einfachen Almhütten oder Dorfwirtshäusern ein, um ein Glas Milch zu trinken oder ein

paar Brezeln zu einem Glas Bier zu essen. Hauptsache ist, dass sie unerkannt bleibt. Sobald sie das Gefühl hat, angestarrt oder gar erkannt zu werden, flüchtet sie sofort.

Elisabeth reist nicht wie oft dargestellt plan- und ziellos durch die Welt. Im Gegenteil, bereits ein Jahr im Voraus wird die Reiseroute genauestens von ihr geplant, nur ihre engsten Vertrauten und Begleiter werden eingeweiht und zu strengstem Stillschweigen verpflichtet. Elisabeth hält diesen Reiseplan zumeist genau ein, nur anhaltend schlechtes Wetter zwingt sie manchmal, ihre Pläne zu ändern. Dennoch, Elisabeth ist ständig in Bewegung, und die Vorstellung, sich an einem Ort für längere Zeit niederzulassen beengt sie. Zu Constantin Christomanos sagt sie: *Die Reiseziele sind nur deswegen begehrenswert, weil die Reise dazwischenliegt. Wenn ich irgendwo angekommen wäre und wüßte, daß ich nie mehr mich davon entfernen würde, würde mir der Aufenthalt in einem Paradiese zur Hölle.*

Oben und links: Delphingriffe aus dem Speiseservice für die Yacht Miramar; Alpaca versilbert, Arthur Krupp, Berndorf 1893.

Unten: Die Yacht Miramar.

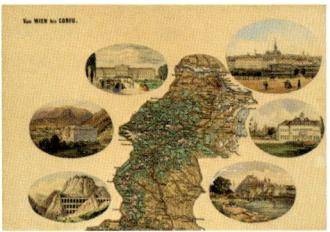

Ein Geschenk an die Kaiserin: Eine Kassette mit vier Tafeln, die zusammengesetzt eine Reliefkarte der Reiseroute von Wien nach Korfu ergeben.

Die Kaiserin liebt vor allem Schiffsreisen, fühlt sich magisch vom endlosen Ozean angezogen und träumt in ihren Gedichten davon, frei wie eine Möwe zu fliegen. Elisabeth kennt keine Seekrankheit und liebt hohen Seegang, wenn sie sich den Elementen besonders nahe fühlt. Auf dem Verdeck ihrer Yacht befindet sich ein Glaspavillon, von dem aus sie freien Blick aufs Meer hat, hier lässt sie sich bei stürmischer See, wenn bereits die gesamte Besatzung um ihr Leben fürchtet, an einen Stuhl binden und erklärt dem staunenden Christomanos: *Ich thue dies wie Odysseus, weil mich die Wellen locken.*

Die Begleiter der Kaiserin sind weniger angetan von den Naturgewalten auf hoher See. Elisabeths Leiblakai Leopold Alram, der die Kaiserin ab 1893 über viele Jahre hinweg auf ihren Seereisen begleitet, vermerkte in seinem Tagebuch: *Die See war schauderhaft, wie eine Nußschale* wurde unser Schiff herum geworfen, das umkehren war fürchterlich, wir haben schon glaubt das wir zu Fischfutter bestimmt sind; um 1/2 10 Uhr Abens wurde umgekehrt, ich hab mir mit einer Servette den Kopf verbunden um nichts hören zu müssen …

Dass die Reisen, vor allem die Seereisen der Kaiserin für ihre Begleiter nicht nur körperlich, sondern auch psychisch strapaziös waren, zeigen bisher unveröffentlichte Briefe Marie Festetics', aus denen auch die zunehmende Egomanie Elisabeths hervorgeht: *Am Schiff wird es von Tag zu Tag unerträglicher … Ihre Majestät besetzt das ganze Schiff, wenn es regnet oder am Abend weiß man nicht wohin zu gehen. Ihre Majestät erzählt die vertraulichsten Sachen, sie ist sehr lieb und gut, doch oft erschaudere ich über die schöne Seele, die in Egoismus und Paradoxen untergeht.*

Auf einer Reise im Jahr 1888, die sie nach Griechenland und Kleinasien führt, lässt sich Elisabeth einen Anker auf die Schulter tätowieren. Franz Joseph ist entsetzt. Marie Valerie erfährt am Tag ihrer Verlobung davon und schildert die Szene in ihrem Tagebuch. Elisabeth hat soeben ihre

Oben: Handapotheke aus dem Reisegepäck der Kaiserin.

Unten: Die Konditorei Rumpelmayer in Menton an der Côte d'Azur.

MENTON

Kaiserin Elisabeth; Leopold Horovitz, um 1900; posthumes Altersbildnis nach einer Photographie von Ludwig Angerer, 1868/69.

Zustimmung zu Valeries Vermählung gegeben, und Mutter und Tochter brechen vor Glück und Rührung in Tränen aus, … *als Papa eintrat und mich fragte, ob ich wohl schon über die furchtbare Überraschung geweint habe, daß sich nämlich Mama einen Anker auf die Schulter einbrennen ließ, was ich sehr originell und gar nicht so entsetzlich finde …*

TODESSEHNSUCHT

Elisabeths Schwermut wird stärker und scheint sie zeitweilig vollkommen gefangen zu halten. Ein verzweifelter Brief ihrer Begleiterin Marie Festetics – geschrieben in Korfu am 11. November 1888 – an Ida Ferenczy, der die strapaziösen Reisen zu beschwerlich sind und die daher nicht mehr mit Elisabeth reisen kann, lässt schwere Depressionen Elisabeths vermuten: *Es drückt mich, liebe Ida, was ich hier sehe und höre. Ihre Majestät ist zwar immer lieb, wenn wir beisammen sind und redet wie einst. Sie ist aber nicht mehr die Alte – ein Schatten liegt über ihrer Seele. Nur diesen Ausdruck kann ich gebrauchen, da man bei einem Menschen, der aus Bequemlichkeit oder Unterhaltung alles schöne und edle Gefühl unterdrückt und verneint – nur sagen kann es sei Bitterkeit oder Zynismus! Glaube mir blutige Tränen weint mein Herz. Dabei macht sie Dinge dass den Menschen nicht nur das Herz, sondern auch der Verstand stehen bleibt. Gestern früh war schon schlechtes Wetter, trotzdem fuhr sie mit dem Segler hinaus. Um 9 Uhr begann es*

> *Ich fliehe vor der Welt samt ihren Freuden,*
> *und ihre Menschen stehen mir heut fern;*
> *es sind ihr Glück mir fremd und ihre Leiden;*
> *Ich stehe einsam, wie auf and'rem Stern ...*
> An die Zukunfts-Seelen, 1887

schon zu gießen und bis 3 Uhr nachmittags dauerte der furchtbare von Donner begleitete Guss. Während der ganzen Zeit segelte sie um uns herum, sass an 'Deck' – hielt den Regenschirm über sich und war ganz nass. Dann stieg sie irgendwo aus, bestellte ihren Wagen hin und wollte in einer fremden Villa übernachten!

Ab 1897 nehmen sie zunehmend Todesgedanken gefangen. Irma Sztáray, ihre Hofdame, Reisebegleiterin und engste Vertraute in diesen Tagen notiert in ihr Tagebuch: *Der Todesgedanke umkreist sie jetzt unausgesetzt ...*

Auch Elisabeths Familie macht sich immer größere Sorgen um die schwermütige Kaiserin. 1897 schreibt ihre Tochter Marie Valerie in ihr Tagebuch: *Leider will Mama mehr denn je allein sein ... und spricht nur von traurigen Dingen;* und im Mai 1898: *... die tiefe Traurigkeit, die Mama früher doch nur zeitweilig umfing, verläßt sie jetzt nie mehr. Heute sagte Mama wieder, sie ersehne oft den Tod ...*

Kaiserin Elisabeth; retouchierte Photographie um 1897 nach einer Photographie von Ludwig Angerer, 1863/64.

Ich wollte, meine Seele entflöge zum Himmel
durch eine ganz kleine Öffnung des Herzens.

Elisabeth zu Baronin Rothschild am Tag vor ihrem Tod

DAS ATTENTAT

Im September 1898 hält sich Elisabeth für mehrere Wochen in Territet bei Montreux auf, von wo aus sie zahlreiche Ausflüge macht. Am 9. September fahren Elisabeth und ihre Hofdame Irma Sztáray mit dem Passagierdampfer

von Caux über den Genfersee nach Genf und von dort mit dem Wagen nach Prégny, um die Baronin Rothschild zu besuchen. Die Baronin, deren Anwesen am See liegt und über einen Privathafen verfügt, hat Elisabeth angeboten, sie mit ihrer Yacht direkt abzuholen, Elisabeth lehnt aber dankend ab, da sie den Abend in Genf verbringen möchte.

Nach dem Besuch bei Julie Rothschild, den Elisabeth sehr genießt, fährt sie zurück nach Genf und steigt wie immer unter ihrem Pseudonym Gräfin von Hohenembs im Hotel Beau Rivage ab. Am Abend spaziert sie mit Irma Sztáray durch die Stadt, sie gehen Eis essen, kaufen ein Geschenk für Marie Valerie und kehren gegen zehn Uhr abends zum Hotel zurück. Durch

Aus den Reisealben der Kaiserin: Die Schiffsanlegestelle in Genf (oben) und das Anwesen der Baronin Julie von Rothschild in Prégny (unten).

eine Indiskretion erscheint am nächsten Tag in einer Genfer Zeitung die Meldung, dass die Kaiserin von Österreich im Hotel abgestiegen sei. Diese Nachricht wird auch von Luigi Lucheni gelesen, einem italienischen Anarchisten, der eigentlich nach Genf gekommen ist, um den Prinzen von

Orléans zu ermorden. Dass der Prinz im letzten Moment
seine Reiseroute geändert und früher als geplant Genf
verlassen hat, stört Luccheni wenig – durch diesen Zufall
hat er bereits ein weitaus prominenteres Opfer gefunden.

Am nächsten Vormittag, dem 10. September, macht
Elisabeth noch Einkäufe, mittags kehrt sie ins Hotel zurück
und macht sich für die Reise nach Caux fertig, da das Schiff
um 13 Uhr 40 ablegt. Auf dem Weg zur Schiffsanlegestelle
stürzt sich Luccheni auf die Kaiserin und stößt ihr eine spitz
zugeschliffene Dreikantfeile in die Brust. Elisabeth stürzt zu
Boden, steht aber gleich wieder auf, meint es wäre nichts
geschehen und bedankt sich bei zu Hilfe geeilten Passanten.
Niemand – selbst Elisabeth nicht – bemerkt die tödliche
Verletzung. Luccheni hat die Kaiserin mitten ins Herz
getroffen, sie verblutet langsam nach innen. Die beiden
Damen gehen an Bord – kaum betreten sie das Schiff, bricht

Elisabeth zusammen. Mit Eau de Cologne und einem in Äther getauchtes Stück Zucker versucht man die Kaiserin wieder zu beleben. Elisabeth richtet sich noch einmal auf, bedankt sich, und fragt *Was ist denn jetzt mit mir geschehen?* Dann sinkt sie bewusstlos zurück. Als Irma Sztáray nun das

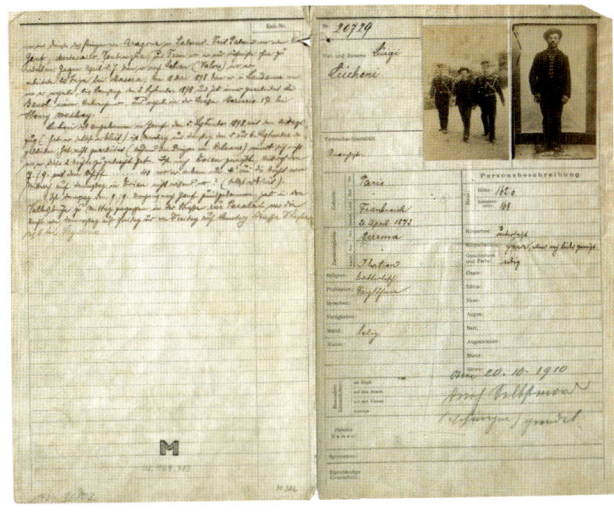

Oberteil des Kleides öffnet, entdeckt sie auf dem Batisthemd einen kleinen bräunlichen Fleck und dann die winzige Stichwunde, die nicht blutet. Erst jetzt erkennt sie, dass Elisabeth tödlich verwundet ist. Das Schiff kehrt

Oben: Der Vernehmungsbogen Luigi Lucchenis.

Links: Die Attentatswaffe: eine Dreikantfeile mit Holzgriff.

sofort um und die sterbende Kaiserin wird in ihr Hotelzimmer zurückgebracht, wo die Ärzte um 14 Uhr 40 nur noch ihren Tod feststellen können.

Marie Valerie schreibt in ihr Tagebuch: *Nun ist es gekommen, wie sie es immer wünschte, rasch, schmerzlos, ohne ärztliche Beratung, ohne lange, bange Sorgentage für die Ihren.*

Und als Franz Joseph von seinem Flügeladjutanten Graf Paar die Nachricht erhält, sind seine einzigen Worte: *Sie wissen nicht, wie ich diese Frau geliebt habe.*

DAS BEGRÄBNIS

Elisabeths Leichnam wird nach Wien gebracht und zunächst in der Burgkapelle aufgebahrt. Am 17. September findet das feierliche Begräbnis in der Kapuzinergruft statt. Doch das Mitgefühl der Menschen gilt vor allem dem Kaiser, der einen neuen Schicksalsschlag erlitten hat. Graf Kielmannsegg bemerkte später nüchtern: *Es wurden ihr nur wenige Tränen nachgeweint.*

Doch mit ihrem tragischen Tod beginnt Elisabeths Unsterblichkeit – vergessen ist alle Kritik. Was bleibt, ist die Erinnerung an die schöne, unnahbare Kaiserin.

Der Mythos Sisi ist geboren.

Oben: Berichte in den Wiener Tageszeitungen zum Tod der Kaiserin.
Unten: Der Leichenzug der Kaiserin verlässt die Hofburg.

Gegenüberliegende Seite:
Oben: Kaiser Franz Joseph am Sarg der Kaiserin in der Hofburg; Xylographie, 1898.
Unten: Das Testament der Kaiserin.

EPILOG

Luigi Luccheni versuchte unmittelbar nach der Tat zu fliehen, wobei er die Feile wegwarf, der dabei die Spitze abbrach. Doch schon nach wenigen Metern wurde er festgehalten und verhaftet. Erst viel später, als man von der tödlichen Verletzung Elisabeths erfuhr, wurde die unscheinbare Feile gesucht und gefunden. Genau einen Monat nach dem Attentat stand Luccheni vor Gericht, stolz bekannte er sich zu diesem Mord und stellte mit Genugtuung das große Interesse an seinem Prozess und seine Berühmtheit fest. Das Urteil lautete lebenslänglicher Kerker. Luccheni war enttäuscht, dass nach Genfer Recht verhandelt wurde und er daher für seine Tat nicht die Todesstrafe erhalten konnte. Zwölf Jahre später, im Oktober 1910, erhängte sich Luccheni mit seinem Ledergürtel in seiner Zelle.

Im Jahr 1984 wurden unter der Auflage strengster Verschwiegenheit die konservierten sterblichen Überreste Luchenis in das Pathologisch-anatomischeBundesmuseum im Narrenturm des Alten Allgemeinen Krankenhauses in Wien überstellt. Nachdem es sich bei dem präparierten Kopf nicht um ein wissenschaftlich auswertbares Präparat handelte und um jeglicher Sensationsgierentgegenzuwirken, wurde Luigi Luccheni im Jahre 2002 in aller Stille am Zentralfriedhof feuerbestattet.

Gegenüberliegende Seite:
Silhouette der Kaiserin
Elisabeth, Entwurf von
Rolf Langenfass, 2001.

QUELLENVERZEICHNIS

Schweizerisches Bundesarchiv Bern. Literarischer Nachlass der Kaiserin Elisabeth von Österreich, J I. 64

Österreichisches Staatsarchiv, Haus-, Hof- und Staatsarchiv Wien. Nachlass Egon Caesar Conte Corti, Materialien zur Elisabeth-Biographie

Schloss Schönbrunn Kultur- und Betriebsges.m.b.H. Tagebuch des Leopold Alram, Lakai der Kaiserin Elisabeth

LITERATURVERZEICHNIS

Brigitte Hamann, *Elisabeth. Kaiserin wider Willen,* Wien–München 1981

Brigitte Hamann, *Kaiserin Elisabeth. Das poetische Tagebuch,* Wien 1995

Brigitte Hamann, Elisabeth Hassmann, *Elisabeth. Stationen ihres Lebens,* Wien 1998

Egon Caesar Conte Corti, *Elisabeth.* »*Die seltsame Frau*«, Salzburg–Graz 1941

Verena von der Heyden-Rynsch (Hg.), *Elisabeth von Österreich. Tagebuchblätter von Constantin Christomanos,* München 1983

Georg Nostitz-Rieneck, *Briefe Kaiser Franz Josephs an Kaiserin Elisabeth,* 2 Bde., Wien 1966

Ingrid Haslinger, *Tafeln mit Sisi. Rezepte und Eßgewohnheiten der Kaiserin Elisabeth von Österreich,* Wien 1998

Franz Schnürer, *Briefe Kaiser Franz Josephs I. an seine Mutter 1838–1872,* München 1930

Irma Gräfin Sztáray, *Aus den letzten Jahren der Kaiserin Elisabeth,* Wien 1909

Marie Wallersee-Larisch, *Kaiserin Elisabeth und ich,* Leipzig 1935

Maria Freiin von Wallersee, *Meine Vergangenheit,* Berlin 1913

Gerda Mraz, Ulla Fischer-Westhauser, *Elisabeth. Wunschbilder oder Die Kunst der Retouche,* Wien 1998

Elisabeth von Österreich, Katalog zur Ausstellung des Historischen Museums der Stadt Wien, Hermesvilla, Wien 1986

Martha und Horst Schad, *Marie Valérie. Das Tagebuch der Lieblingstochter von Kaiserin Elisabeth von Österreich,* München 1998

Santo Cappon (Hg.), *Luigi Luccheni.* »*Ich bereue nichts!*« *Die Aufzeichnungen des Sisi-Mörders,* Wien 1998

Alphonse de Sondheimer, *Vitrine XIII. Geschichte und Schicksal der österreichischen Kronjuwelen,* Wien 1966

Chris Stadtlaender, *Sisi. Die geheimen Schönheitsrezepte der Kaiserin und des Hofes,* Wien 1995

Ingrid Haslinger, Katrin Unterreiner, *Kaiserappartements, Sisi Museum, Silberkammer. Die Residenz der Kaiserin Elisabeth,* Wien 2004

Technisches Museum Wien (Hg.), *Der Hofsalonwagen der Kaiserin Elisabeth,* Wien 2002

Agfa Photohistorama Museum Ludwig, Köln: 76, 77 (4)

Auktionshaus Dorotheum, Wien: 26

Dr. Herbert Fleissner, München: 8

Dr. Herbert Sapinsky: 69/o

Filmarchiv Austria: 21 (3)

Gödöllő Királyi Kastélmúzeum: 86

Heinrich-Heine-Institut, Düsseldorf: 90/u

Imagno, Wien: 3, 6, 11, 23, 36 37, 51, 32/o, 56 (2), 57, 58 (2), 65, 66, 104

Institut für Gerichtliche Medizin der Universität Wien: 105/u

Juwelier Rozet & Fischmeister, Kohlmarkt, Wien: 40/o

Kunsthistorisches Museum Wien: 47/r, 65/u

Martin Charles: 99/u

Michael Habsburg-Lothringen, Persenbeug: 96/o

Monika Levay: 27/u, 67, 69/u, 80/o, 81/uM

Museen des Mobiliendepots: 44, 68, 72/o, 75/o, 82, 88/o, 89/o (2), 91/u, 96/u, 97/o, 107/u

Neff Paul Verlag, Wien–Berlin: 63

Österreichische Nationalbibliothek Portraitsammlung und Bildarchiv: 9, 10, 12 (2), 15/o, 16, 17, 22, 30, 33, 46 (2), 47/u, 48 (2), 49, 50, 52, 53, 54, 55, 59, 60, 61, 62, 64/u, 78, 79 (3), 81/ol, 85, 88/u, 95/u, 98, 100, 101/u, 102 (2), 103, 106/o, 107/o (2)

Österreichisches Staatsarchiv, Haus-, Hof- und Staatsarchiv: 28/o, 31/u, 39 (2), 72/u, 74/o, 75/u, 106/u

Privatbesitz: 25/o,M, 93/M

Rebasso, Wien: 24/u

Rolf Langenfass: Umschlagrückseite, 109

Schloss Schönbrunn Kultur- und Betriebsges.m.b.H.: 7 (L.L.), 13/o (E.K.), 14 (E.K.), 15/u (J.W.), 19 (L.L.), 25/u (E.K.), 28/u, 29/o (E.K.), 29/u (L.L.), 31/o (E.K.), 32/o, 34/o (L.L.), 38 (J.W.), 40/u (L.L.), 41 (P.A.), 42/o (J.W.), 42/u. (L.L.), 45 (E.K.), 47/l, 64/o (E.K.), 70/u (T.D.), 73/o (T.D.), 80/u (L.L.), 81/or (E.K.), 81/ul (E.K.), 83/o (E.K.), 84 (E.K.), 89/u (M.S.), 91/o (E.K.), 93/u (L.L.), 94/o

Schweizerisches Bundesarchiv, Bern: 13/u, 90/o, 93/o, 101/o

Museum der Stadt Bad Ischl: 27/o

Technisches Museum Wien: 94/u, 95 (2)

Wallfahrtsbasilika Maria Taferl, Niederösterreich: 35 (2)

Wallfahrtskapelle Altötting, Bayern: 34/u

Wiener Stadt-, und Landesbibliothek: 20

Wien Museum: 24/o, 32/u, 87, 92, 97/u, 105/o

Wilhelm Weckbecker und Erggelet: 71/o, 83/M,u

Wittelsbacher Ausgleichsfonds, München: 70/o

Wolfgang Steidl: 71/u

ZAM – Zentrum für außergewöhnliche Museen: 81/ur, 99/o

---

o = oben

u = unten

M = Mitte

r = rechts

l = links

Die Ziffern beziehen sich auf die Seitenzahl, jene in Klammern auf die Anzahl der Photographien.

PHOTOGRAPHEN

Lois Lammerhuber (L.L.)

Edgar Knaack (E.K.)

Johannes Wagner (J.W.)

Photobusiness (P.A.)

Tina Dietz (T.D.)

Margherita Spiluttini (M.S.)

Bibliografische Information der Deutschen Nationalbibliothek
Die Deutsche Nationalbibliothek verzeichnet diese Publikation in der Deutschen Nationalbibliografie;
detaillierte bibliografische Daten sind im Internet über http://dnb.d-nb.de abrufbar.

2. Auflage 2006

Die Gestaltung des Schutzumschlags stammt von Christian Brandstätter,
Lektorat, Produktion und Grafik oblagen Barbara Sternthal.
Die Reproduktion der Abbildungen erfolgte u. a. bei Pixelstorm, Wien,
Druck und Bindung bei DELO tiskarna, Ljubljana.
Gesetzt wurde aus der Garamond 10 auf 13 Punkt.

ISBN 3-85498-397-2

Christian Brandstätter Verlag GmbH & Co KG
A-1080 Wien, Wickenburggasse 26
Telefon (+43-1) 512 15 43-0
Fax (+43-1) 512 15 43-231
E-Mail: info@cbv.at
www.cbv.at